소년 사또 송보의
목민심서 정복기

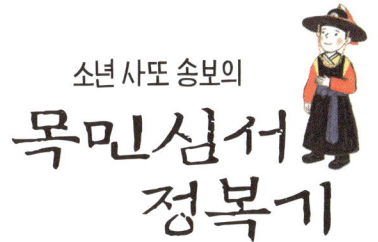

* 일러두기

1. 이 이야기는 정약용의 『목민심서』를 바탕으로 재구성한 것입니다.
2. 송보는 독자의 이해를 돕기 위한 가상의 인물이며, 시대적 배경은 조선 말기인 철종 무렵이고 무대는 정약용의 유배지이자 목민심서 집필지인 강진입니다.
3. 들머리 이야기를 제외한 이야기 구성은 『목민심서』의 구성 체제를 따랐습니다.
송보의 체험은 정약용의 체험과 『목민심서』의 내용을 빌려 변형하였거나, 작가의 상상을 더한 것입니다.

소년 사또 송보의
목민심서 정복기

박윤규 글 | 최현묵 그림
처음 펴낸날 | 2018년 9월 5일
2쇄 찍은날 | 2019년 5월 2일
2쇄 펴낸날 | 2019년 5월 7일
펴낸이 | 정세민
펴낸곳 | (주)크레용하우스
출판등록 | 제5-80호
주소 | 서울 광진구 천호대로 709-9
전화 | (02)3436-1711
팩스 | (02)3436-1410
홈페이지 | www.crayonhouse.co.kr
이메일 | crayon@crayonhouse.co.kr

글 ⓒ 박윤규 2018
이 책에 실린 글과 그림은 무단 전재 및 무단 복제할 수 없습니다.

ISBN 978-89-5547-608-8   73810

이 도서의 국립중앙도서관 출판시도서목록(CIP)은 서지정보유통지원시스템 홈페이지(http://seoji.nl.go.kr)와 국가자료공동목록시스템(http://www.nl.go.kr/kolisnet)에서 이용하실 수 있습니다.(CIP제어번호: CIP2018027157)

소년 사또 송보의
목민심서 정복기

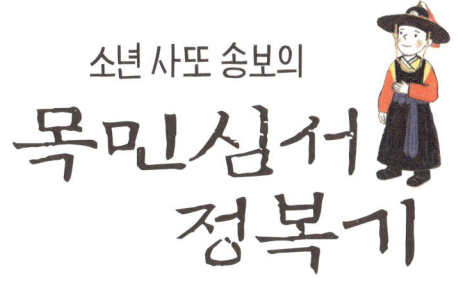

박윤규 글 | 최현묵 그림

크레용하우스

■ 작가의 말

삶과 교육의 길을 밝혀 주는 등대

"백년지대계가 앞이 안 보인다!"

이는 오늘날 우리 교육의 답답한 현실을 비판한 어느 신문의 사설 제목이랍니다. 어쩌다 이런 말까지 듣게 되었을까요?

대한민국은 짧은 역사 속에서 세계가 놀랄 만한 경제 성장과 민주화를 이루어 냈습니다. 아마도 이런 성과는 조상 대대로 내려온 선비 정신에 뿌리를 둔 뜨거운 교육열 덕분일 것입니다.

그러나 정작 오늘날 우리 교육은 다양하고 자유롭고 창의적인 교육과는 거리가 멀다고 합니다. 교육 혁신을 외치며 선진국 제도를 연구하여 길을 찾고자 시도했지만 여전히 방향조차 잡지 못한 실정이지요. 경쟁과 다툼을 강요하는 교육 제도는 그나마 자주 바뀌어 학교와 교사는 혼란스럽고 학생들과 학부모는 불안하고 답답합니다. 이런 상황에 다산 정약용 선생의 삶과 학문은 등대처럼 환하게 길을 밝혀 줍니다.

다산 선생은 어떠한 환경에서도 스스로 공부하여 학문을 이룬 진정한 학자였고, 유배 생활 중에도 제자를 기르고 자녀 교육까지 완벽하게 해낸 참스승이었습니다. 훌륭한 학자가 뛰어난 교사까지 겸한 경우는 아주 드문데 선생은 이 두 가지를 두루 훌륭하게 해낸 것입니다.

그러한 다산 선생의 정신과 삶이 오롯이 담긴 책이 바로 『목민심서』

입니다. 그런데 이 책의 내용은 오늘날 우리네 삶에 적용하기에는 적합하지 않은 점도 있고 어려운 부분도 많습니다. 그럼에도 그 정신은 학생과 교사는 물론 어느 단체의 지도자나 공익을 위한 꿈을 가진 이들의 등대가 되기에 부족함이 없습니다.

동화작가인 나는 그 정신을 보다 쉽고 재미난 이야기 속에 담아 전하고 싶은 마음이 간절했습니다. 더불어 다산 사상을 교훈으로 삼은 다산학교를 운영하는 책임자로서 그 일을 꼭 해내야만 한다는 부담을 오래도록 지고 있었지요. 하지만 그 작업은 큰 산을 오르는 것처럼 힘들어서 구상해 놓고도 몇 년을 미루어 왔습니다.

그런 차에 『목민심서』가 태어난 지 이백 년 되는 해를 맞아 불쑥 용기를 내어 덤벼들었는데, 이렇게 결실을 보니 오랜 숙제를 해낸 듯 기쁘고 감사합니다.

먼저 마음의 스승이신 다산 선생께 감사의 절부터 올려야겠습니다. 다산 초당 탐방 안내를 해주신 강진의 작가 김옥애 선생님과 원고를 검토하고 자료와 조언을 아끼지 않은 역사 저술가인 아우 영규에게도 특별한 감사를 드립니다.

출간의 기쁨은 '참꿈을 찾는 행복한 배움터'를 만드는 교육 혁신의 길을 한마음으로 동행하는 다산학교 동료 교사들, 맑고 밝은 다산 학생들과 함께 나누고 싶습니다. 그리고 학교 동아리인 〈다산 사상 연구회〉 아이들과 함께 다산 초당으로 가서 이 책을 다산 선생의 영전에 올리고 싶습니다.

2018 광복절 즈음
다산학교에서 박윤규

차례

들머리 이야기 청노새를 타고 온 소년   9

제1장 부임 목민관의 위엄은 청렴에서 나온다   21

제2장 율기 먼저 나와 가족부터 바르게 다스려라   53

제3장 봉공 업무는 직접 세밀하게 챙겨야 한다   76

제4장 애민 힘없고 어려운 백성을 먼저 보살펴라   94

제5장 이전 상벌을 분명하게 하고 원칙을 세우라   105

제6장 호전 세금은 공정해야 한다   114

제7장 예전 **예절을 가르치고 학문을 장려하라**　　126

제8장 병전 **병사와 군수품은 평소 완벽하게 준비하라**　135

제9장 형전 **형벌은 신중하고 공평해야 한다**　　147

제10장 공전 **공사는 백성을 위한 것부터 하라**　　162

제11장 진황 **기근은 미리 대비해야 한다**　　181

제12장 해관 **백성이 머물기를 청한다면 큰 영광이다** 202

부록　『목민심서』와 다산 사상
　　　다산의 분신『목민심서』　　214
　　　다산 사상의 핵심　　217
　　　다산 정약용 연보　　221

들머리 이야기
청노새를 타고 온 소년

경칩은 지났으나 아직 꽃들이 잔뜩 움츠린 봄날이었다.

남한강과 북한강이 만나는 두물머리 마재, 정약용 선생의 생가인 여유당 뒤편에는 작은 동산이 볼록 솟아 있었다. 멀리서 보면 철마산에서 일어난 용 한 마리가 물을 먹으러 한강으로 달려와 입을 쩍 벌린 모양새였다.

용의 머리 같은 그 작은 동산에 알처럼 볼록한 것이 바로 정약용 선생의 무덤이었다. 선생은 오랜 유배에서 돌아온 후 환갑을 맞아 이곳에 무덤 자리를 정하고 묘지명까지 손수 써 두었다고 했다. 그리고 세월이 흘러 이곳에 잠든 지도 벌써 이십 년이 가까워 오고 있었다.

그 무덤 앞에 한 선비가 다소곳이 서 있었다. 상투를 틀고 갓을 썼으나 작달막한 풍채와 발간 볼은 아직 어린 티가 뚜렷했다. 그는 이 년 전 '소년 급제'로 이름을 떨친 홍문관 저작(정팔품 벼슬) 송보였다.

송보는 준비해 온 국화주 한 잔을 무덤 앞 제단에 올렸다. 두 번 절을 하고 잠시 묵상하던 송보는 자리에서 일어났다. 그리고 천천히 무덤을 에워싼 담장 바깥을 한 바퀴 돌아 다시 무덤 앞에 섰다. 다시 국화주 한 잔을 올리고 음복(제사를 지내고 난 뒤 제사에 쓴 음식을 나누어 먹음)으로 자신이 마셨다. 금세 은근히 취기가 올랐다.

송보는 무덤을 등지고 마른 잔디에 앉았다. 제단 앞에 진달래가 총총히 심겨져 있었다. 진분홍 꽃봉오리가 병아리 부리처럼 뾰쪽뾰쪽한 가운데 딱 한 송이가 꽃잎을 펼치고 있었다. 송보는 너무 일찍 피어 추위에 떠는 꽃봉오리를 보며 자신을 돌아보았다.

송보가 과거에 급제한 건 권력자들의 눈가림용인지도 몰랐다. 송보 같은 소년도 실력만 있으면 벼슬을 할 수 있음을 과시하여 조정이 타락하지 않았음을 보여주려는 의도가 짙었다. 딴은 그들이 앉힌 허수아비 상감에게 친구를 선물한 건지도 몰랐다. 권력자들은 상감이 송보와 더불어 놀이나 즐기고 정치에는 관심을 갖지 못하도록 할 속셈이었다.

상감은 송보보다 여섯 살이 많았지만 송보를 친구처럼 여겼다. 궁중에서 벗 삼을 만한 사람이 없는 데다 송보는 나이보다 올되고 상감은 늦되어서 죽이 대략 맞았던 것이다. 강화도 나무꾼 출신이지만 상감은 속이 깊고 어질었다. 궁중 생활에 적응되자 숨겨진 왕의 자질이 서서히 드러났다. 옥좌에 오른 지 삼 년 만에 친정(임금이 직접 나라의 정사를 돌봄)을 시작하였고 올바른 정사를 펼치려는 의지를 보였다.

송보는 그런 상감에게 은밀히 아뢰었다. 권력의 축을 두셋으로 나눌 것을 권했다. 그러면 서로 경쟁하게 될 것이고, 그때 하나를 선택하여 왕권을 키운 다음 나머지 세력들의 균형을 맞추면 온전한 다스림을 펼 수 있을 거라고 했다. 상감은 차근차근 그 일을 추진해 나갈 계획이었다.

그런데 궁중에는 벽에도 귀가 있다더니 그 말이 권력자들의 귀에 들어가 버렸다.

"애완용 강아지 한 마리 키우려 했더니 범의 새끼였구먼. 더 크기 전에 싹을 잘라야겠어."

권력자들은 송보를 혼내 주려고 귀양살이나 다름없는 발령을 냈다. 바로 강진의 현감 자리였다. 강진은 아전과 향관들이 억세고 바닷가라 풍습도 낯설어 고약하기로 소문난 곳이었다.

'과연 내가 해낼 수 있을까?'

세상은 난세라고 했다. 권력자들은 아무런 배경도 없는 상감을 쥐락펴락했고 저들 맘대로 벼슬을 사고팔았다. 조정은 안동 김씨 집안과 풍양 조씨 집안의 권력 다툼으로 팽팽한 긴장감이 감돌았다. 잠시 풍양 조씨가 우위에 서기도 했으나 다시 실권은 안동 김씨에게로 기울어졌다. 그런 상황에서 궁중의 가장 큰 어른이자 선왕의 왕비인 대비전을 차지한 조씨들은 호시탐탐 기회를 노리고 있었다.

"어유!"

송보는 긴 한숨을 내뿜으며 등을 무덤에 살짝 기대고 눈길을 멀리 던졌다. 남한강과 북한강이 두물머리에서 만나 큰 한강이 되어 물비늘을 반짝이면서 바다를 향해 흘러가고 있었다.

'다산 선생님께서도 여기서 저 강물을 보며 큰 세상으로 가는 상상을 하셨겠지.'

울창한 솔숲 어딘가에서 다산 선생의 가르침이 들려오는 듯했다.

"어허, 어린아이가 무슨 근심이 그리 많으냐?"

언제부터인지 안경잡이 노인이 송보를 빤히 쳐다보고 있었다. 송보는 얼른 일어나 예를 갖추고는 대답했다.

"제가 현감이 되어 멀리 고을살이를 가게 되었는데 도무지 자신이 서지 않아 그렇습니다."

"오호라, 현감 나리시군. 꼬마 현감이라······."

"꼬마라고 놀리지 마십시오. 저는 당당히 과거에 급제한 관

원이요 대장부 나이 열여섯이면 세상을 알 만한 나이입니다."

"하하하, 패기는 쓸 만하구나. 뭐 앞으로 그런 말 꽤나 듣게 될 텐데 귀에 좀 익혀 두면 좋지 않은가. 그런데 먼 길 떠날 사람이 어찌 남의 무덤에 와 있는가?"

송보가 대답했다.

"저는 다산 선생님을 흠모하여 마음의 스승으로 모시고 있는데 여기 오면 지혜와 용기를 얻을까 하여 찾아온 참입니다."

"허허, 그러하냐. 그럼 내 제자나 다름없으니 내가 가르침을 조금은 전해 주어야겠구나."

그때서야 송보는 상대가 바로 다산 선생임을 알아채고 즉시 큰절을 올렸다.

"선생님의 책 중에 『목민심서』가 있다고 들었습니다. 제가 다른 책은 수소문해서 구해 보았는데 그 책은 보지 못했으니 가르침을 주십시오."

다산 선생은 잠시 송보를 빤히 쳐다보다가 물었다.

"너는 내가 왜 그 책을 엮었는지 아느냐?"

송보가 대답했다.

"목민관(백성을 다스리는 벼슬아치)들에게 바른 가르침을 주고자 하신 뜻이 아닌지요?"

"그건 타인들에게 해당되는 말이고 나에게는 어떤 의미가 있겠느냐?"

송보는 감이 잡히지 않았다. 그게 그거 아닌가요 하고 말하려다가 입을 닫았다.

"내가 왜 중대한 현실인 목민에 대해 다루는 책을 심서(心書)라고 했겠느냐?"

"마음에 깊이 새기라는 뜻이 아닌지요?"

다산 선생은 가볍게 고개를 가로저었다.

"아니다. 나는 한때 영광스럽게도 임금의 총애를 받아 여러 벼슬을 거쳤으나 실제로 목민의 경험은 많지 않았다. 그 와중에 임금께서 승하하시고 나는 죄인이 되어 아무것도 할 수 없게 되었다. 그런 처지라 마음으로라도 목민을 하고 싶어서 심서라고 한 것이다."

"그렇군요, 깊이 새기겠습니다."

송보가 고개를 숙였다.

"네가 나의 제자를 자처한다면 그저 마음에 새기는 것만으로는 안 될 일이다. 네가 할 일을 알겠느냐?"

순간 송보는 찬물을 온몸에 덮어쓴 듯 정신이 번쩍 났다.

"선생님께서는 몸이 자유롭지 않아 마음으로만 목민했으나 저는 마땅히 몸으로 실천해야겠지요!"

송보는 힘주어 말하며 다산 선생을 쳐다보았다. 다산 선생은 흡족하게 웃으며 고개를 끄덕였다.

"지혜롭구나. 나의 제자로 받아들이마."

송보는 황송하고 고마워 깊이 허리를 숙였다.

"어린 나이에 고을살이가 낯설고 힘들겠지만 너무 걱정하지 마라. 수양산 그늘이 강동 팔십 리를 간다는 말이 있지 않느냐. 내가 너와 함께할 것이다."

송보는 그 말뜻이 아리송하여 고개를 갸웃거렸다.

"고민 말고 이거나 받아라. 내가 이것으로 『목민심서』를 지었나니."

다산 선생이 불쑥 내민 것은 붓이었다.

송보는 허리를 숙인 채 붓을 받아 들었다. 그리고 제자로 받아 준 것에 감읍(감격하여 목메어 욺)하여 다시 큰절을 올리고 고개를 들었다. 그런데 다산 선생은 보이지 않고 우뚝 선 비석이 송보를 내려다보았다.

"선생님, 선생님!"

송보는 허우적거리다 눈을 떴다.

"아하, 꿈이었구나. 꿈에라도 선생님을 뵙다니, 이런 영광이 있나."

송보는 자리에서 일어나 다시 다산 선생의 무덤을 향해 절을 올렸다. 그리고 일어서니 전에 없이 용기가 솟아났다. 현감이 아니라 관찰사라도 못 할 것이 없다는 생각이 들었다.

그때 나직한 발소리가 들렸다. 뒤돌아보던 송보는 덜컥 숨이 멎는 듯했다. 송보 또래의 낭자가 노란 갑사댕기를 치렁거리며 사뿐사뿐 올라왔다. 꼭 다문 분홍 입술은 흡사 곧 필 듯한 진달래 봉오리 같았다. 송보의 심장은 다듬이로 방망이질이라도 하는 듯 두근거리기 시작했다.

"증조부님께서 말씀하신 손님이 틀림없으시군요. 이것을 받으시지요."

낭자는 비단으로 감싼 길쭉하고 작은 필갑 하나를 건넸다.

"새벽꿈에 증조부님께서 제게 당부하셨습니다. 청노새를 탄 귀한 손님이 올 테니 이 물건을 전해 드리라고요."

송보는 필갑을 받아 조심스레 뚜껑을 열었다.

"아!"

송보는 어안이 벙벙해지는 한편 가슴이 뭉클하였다. 그것은 조금 전 꿈에 다산 선생으로부터 받았던 붓이었다.

"아니, 이 귀한 것을!"

송보는 붓을 받아 가슴에 안았다.

"그게 무슨 붓인지 아시는지요?"

낭자가 물었다.

"다산 선생님께서 목민심서를 집필하신 붓이 아닙니까?"

낭자도 자못 놀란 듯 입을 살짝 벌렸다.

"그걸 어떻게?"

"방금 무덤에 기대서 설핏 잠들어 꿈을 꾸었는데 다산 선생님께서 나타나 제게 바로 이 붓을 전해 주셨습니다."

"어머나, 세상에!"

놀란 낭자의 눈이 송보의 눈과 딱 마주쳤다. 깜짝 놀란 두 사람은 서로 몸을 외틀면서 얼굴을 붉혔다. 송보의 가슴이 다시 뛰기 시작했다.

"목민심서를 청노새에 실어 놓았습니다. 그 책은 저희 집에도 한 질밖에 없는 것이니 보시고 꼭 돌려주셔야 합니다."

몸을 튼 채 낭자가 말했다.

"아, 그 귀한 책을! 마땅히 제가 이 붓으로 꼼꼼하게 필사하여 읽고는 바로 돌려 드리겠습니다. 그리고 저, 저는……."

송보는 저도 모르게 말을 더듬었다. 그러다가 애써 담담함을 되찾아 자신을 소개했다.

"마음으로 다산 선생님을 스승으로 모신 송보라 합니다. 곧 전라도 강진으로 고을살이를 떠날 텐데 반드시 다시 와서 뵙도록 하겠습니다."

송보는 화끈화끈 달아오르는 얼굴로 인사를 건넸다.

"함자를 꼭 기억하겠습니다. 먼 길 잘 다녀오십시오."

낭자도 발그레한 볼에 방긋 웃음을 지었다. 봉오리를 내민 채 간들거리던 진달래가 퐁 소리를 내며 피어 버린 듯했다. 그 웃음은 이내 불도장처럼 송보의 가슴에 꾹 찍혔다.

다시 눈인사를 나누고 발길을 돌리는 송보는 꼭뒤(뒤통수의 한가운데)가 자꾸 켕겼다. 무언가 두고 온 것 같기도 하고 낭자가 자신의 등을 보고 자꾸 웃는 것만 같았다. 하지만 대장부가 돌린 등을 어찌 다시 돌릴 것인가. 구름 위를 걷는 듯 발바닥 느낌조차 잊은 채 송보는 동산에서 내려와 대문간으로 갔다.

"매흐으음!"

목민심서 책궤를 등 양쪽으로 나누어 짊어진 청노새 센돌이가 주인을 보고 알은척했다. 그 소리를 듣고 골목에서 강돌이가 달려나왔다. 그 사이에 심심한 걸 못 참고 동네 아이들과 어울려 제기차기를 하다가 온 것이었다.

"아유, 이 동네에서 저보다 제기 잘 차는 애가 없네요."

송보는 무명 보자기에 감싸인 목민심서를 와락 끌어안았다. 딱딱한 책궤가 솜이불처럼 따뜻하게 느껴졌다.
"좋아. 자신 있어!"
송보는 불끈 기운이 솟는 걸 느끼며 다산 선생의 붓을 꼭 거머쥐었다.
'내가 너와 함께할 것이다!'
꿈속에서 들은 다산 선생의 음성이 귓전에 생생했다.

제1장 부임

목민관의 위엄은 청렴에서 나온다

송보는 떠날 채비를 마치고 부모님께 큰절을 올렸다. 부친은 담담한 표정을 지었으나 모친은 터지려는 울음을 꾹꾹 눌러 참았다.

"아유, 강진이 여기서 천 리도 더 되는 바닷가 고을이라는데 그곳까지 어찌……."

송보는 어머니를 다독였다.

"다산 선생님께서 무려 십팔 년간 거처하며 학문을 연구하고 책을 쓰신 곳입니다. 저는 그곳으로 공부하러 가는 참이니 너무 심려하지 마십시오."

그때 밖에서 강돌이가 아뢰었다.

"도련님, 준비 다 되었습니다요."

강돌이는 송보보다 세 살이 많은 종인데 어려서부터 송보를 피붙이처럼 돌보아 주었다. 그런 강돌이가 따라가니 송보는 한결 든든했다. 한편 성질이 우락부락하고 배짱이 좋아서 깡돌이로 불리는 그가 말썽을 일으킬까 짐짓 걱정도 되었다.

송보가 마당으로 나서니 청노새 센돌이의 등허리에 봇짐이 양쪽으로 매달려 있었다. 센돌이는 강돌이가 자기 동생이라며 지어 준 이름이다.

"궤짝엔 무엇이 들었느냐?"

송보의 부친이 물었다.

"한쪽엔 『목민심서』, 다른 쪽엔 붓과 벼루와 먹 그리고 종이와 책을 묶는 끈입니다."

"이 보따리는 뭐냐?"

부친이 센돌이 등에 매달린 보따리를 툭툭 쳤다.

"옷 두 벌과 다른 책 몇 권이 전부입니다."

송보는 마재에서 빌려준 『목민심서』를 이미 절반을 필사했다. 나머지는 임지로 가는 동안에 필사해서 다 암기해 버릴 작정이었다. 그러자니 질 좋은 종이가 넉넉해야 했다.

"수령의 위엄은 검소한 데서 나오는 법이다. 임기를 마치고 돌아올 때도 짐이 더 늘어서는 아니 될 것이다."

"명심하겠습니다."

그때 모친의 명에 따라 여종이 보따리 하나를 강돌이에게 건넸다.

"마를 좀 쌌다. 너는 공부할 때면 끼니를 자주 건너뛰고 속앓이를 잘 하니, 아침저녁으로 꼭 마를 갈아서 먹도록 해라. 위장이 튼실해야 큰일을 할 수 있는 법이다."

"예, 어머니."

송보의 모친은 서운함을 애써 달래며 강돌이를 바라보았다.

"한양으로 돌아오면 장가를 보내 줄 테니 도련님을 옆에서 잘 챙기거라."

"예, 마님."

입이 귀에 걸린 강돌이가 센돌이의 고삐를 잡고 돌아설 때 한 무리가 들이닥쳤다. 수령을 모시러 온 강진현의 아전(조선 시대 중앙과 지방 관아에 속해 벼슬아치 아래서 일 보던 사람)들이었다.

"아유, 저희가 서둘렀는데도 늦었습니다. 저는 강진현 이방이옵고 이쪽은 호방, 저쪽은 호위군관입니다요."

군관이 송 진사에게 절도 있게 인사했다. 넉넉한 풍채에 거친 수염이 빳빳하여 용력(씩씩한 힘)도 만만치 않아 보이는 무관인데 살이 좀 찐 편이었다.

"강진현 군관 배일도, 현감 나리를 임지까지 안전하게 모시겠습니다."

송 진사가 웃으면서 송보를 쳐다보았다.

"듬직한 호위군관이시구먼. 한데 귀관이 모시고 가야 할 현감은 내가 아니라 저쪽이라오."

부친과 센돌이에게 가려져 있던 송보가 관복 차림으로 쑥 나섰다. 군관과 아전들은 뜨악한 표정으로 입을 쩍 벌리고는 다물지 못했다.

"아, 아니, 이, 이렇게……."

송보가 담담하게 말했다.

"현감이 너무 어려서 놀라셨소?"

옆구리에 비수라도 찔린 듯 군관과 아전들이 잇따라 고개만 숙였다.

"아니, 젊으신 분이라는 말은 들었지만 이토록……."

송보는 짐짓 웃음을 머금고 물었다.

"한양까지 와서 고단할 텐데 아침들은 챙겨 드셨습니까?"

"예 예. 저희는 문제없습니다요."

대문을 나서자 밖에는 행렬이 대기하고 있었다. 나졸이 다섯, 노복이 여덟에 밥 짓는 아낙이 둘, 말도 네 마리나 되었다.

"이 한 몸 가는데 어찌 이리도 많은 사람이 왔소이까? 내 이미 연통을 보내 단출하게 오라고 했건만. 이 말들은 어디서 난 것이오?"

송보의 목소리는 소년답지 않게 담담하고도 강했다.

"아, 네네. 두 마리는 강진에서부터 타고 온 것이고 두 마리는 한양에서 돈을 주고 빌렸습니다요. 모자라면 더 빌릴 테니 말씀만 하십시오."

"나는 이 청노새와 노복 하나만 데리고 갈 것이오. 책과 종이 외엔 별 짐도 없으니 빌린 말들은 곧바로 돌려주시오."

"설마 이 청노새를 타고 가시게요?"

호방이 고개를 절레절레 흔들며 물었다.

"그렇소. 나는 청노새가 편하니 저 등짐이나 말한테로 옮겨 주시오."

이방이 손사래를 마구 치며 나섰다.

"아유, 안 됩니다요. 현감 나리 체면이 있지 어떻게 청노새를 타고 부임하려 하십니까요. 저희가 현감 나리를 고을까지 모셔갈 노자를 충분히 마련해 왔으니 말이 불편하면 가마라도 빌리겠습니다."

이방이 종에게 지시하려 하자 송보가 단호하게 말렸다.

"그만두시오. 나는 이 청노새면 충분한데 부질없이 돈을 쓸 필요는 없소. 노새가 덩치는 작아도 힘도 세고 끈기도 있다오. 그리고 가솔도 없는 단출한 행차에 이토록 많은 인원은 필요 없소. 군관과 나졸 둘, 노복 둘에 밥 짓는 아낙 하나면 충분하니 나머지는 호방이 이끌고 속히 먼저 가시오."

송보의 명에 이방과 호방이 찔끔하며 고개를 숙였다.

말에 오른 배 군관이 깃발을 든 병사 둘을 뒤쪽 좌우에 따르게 하고 길을 열었다.

"자, 출발이다. 물럿거라! 강진 현감 행차시다!"

배 군관은 목청이 천둥 같았다.

"배 군관, 남의 관내에서 소란 떨지 마시오. 더구나 여긴 고관대작(지위가 높고 훌륭한 벼슬을 하는 사람)이 즐비한 한양이니 조용히 갑시다."

송보의 지청구(꾸지람)에 배 군관은 민망스런 표정으로 슬쩍 고개를 숙여 보였다.

길은 멀었지만 송보는 서두르지 않았다. 성질 급한 강돌이가 청노새를 재촉하면 '어허, 천천히.' 하고 말렸다. 잰걸음으로 뒤따르는 아전과 노비들에게 충분히 쉴 여유를 주기 위함이었다.

"현감 나리, 이쪽 길이 지름길인뎁쇼. 이리 질러가시지요?"

수원을 지날 때 이방이 말했다.

송보는 눈을 지그시 감은 채 대답했다.

"어명을 받고 가는데 어찌 좁은 길로 숨어 가듯 가겠소. 시간이 다소 걸리더라도 큰 길로 여유롭게 갑시다."

행차가 천안 삼거리에 이르러 주막에서 쉴 때였다. 호방이 조용히 찾아와 소매 속에서 책 한 권을 꺼내 바쳤다.

'이것이 『목민심서』에서 말한 『읍총기』로구나.'

읍총기란 고을의 현황과 다스리는 요령이 적힌 책자인데 백성의 사정을 파악해 재물을 빼내는 수단으로 사용되기 일쑤였다. 그런 것에 관심을 갖는 건 탐관오리나 할 짓이었다.

"읍총기로군요."

이방이 번지르르한 웃음을 띠며 대답했다.

"예, 혹 관내에 먼 친척이라도 있으신지요?"

"없소이다. 그 책은 지금 필요치 않으니 넣어 두시오."

송보는 『목민심서』를 펼치고 붓을 들었다. 틈만 날 때마다 필사에 몰두하는 송보의 자세는 제사를 지내듯 정성스러워 누구도 방해할 수 없었다. 무안해진 이방이 곧 뒤로 물러났다.

행차가 한밭(대전)을 지나고 논산을 넘어서니 곧 전라도 전주였다. 넓은 들판과 야트막한 산발치엔 산벚꽃과 복숭아꽃이 피기 시작했다.

전주성에 들어선 송보는 전라 감영으로 가 관찰사를 배알(지위가 높은 사람을 찾아가 보다)했다.

"자네가 어린 나이로 과거에 합격해 유명해진 꼬마 현감이로군."

관찰사가 웃음을 흘렸다. 송보는 꼬마라는 말이 거슬렸지만 드러내지 않았다. 그저 고을을 다스리는 방법을 묻고 관찰사의 물음에 담담하게 대답했다. 한 식경(밥을 먹을 동안이라는 뜻으로 잠깐) 차를 나눈 후에는 관찰사의 태도에 장난기가 가셨다.

"허허, 작고 어리다고 누가 감히 가벼이 여기겠는가. 언행은 바위처럼 무겁고 눈과 귀는 총명하니 강진현 백성의 복일세. 잘 받들어 모시도록 하라."

관찰사가 이방과 배 군관에게 다짐을 받았다.

일행이 감영을 나설 즈음 감영의 이방이 송보에게 다가와 넌지시 속삭였다.

"관찰사께서는 강진의 해산물을 무척 좋아하신다오. 알고나 계십시오."

송보는 못 들은 척 손바람을 일으켜 귀를 씻었다.

"봄 날씨가 덥군."

감영의 이방이 고리눈으로 강진현 이방을 노려보았다. 그러자 강진현 이방이 알았다는 듯 눈짓을 보냈다.

정읍을 지나 나주성이 보이는 율정 고갯길에서 송보는 행차를 멈추었다.

"그만 저기 주막에서 좀 쉬었다 갑시다."

"점심 먹은 지도 얼마 되지 않았는뎁쇼. 해 떨어지기 전에 나주에 들어가서 쉬고 내일은 나주 목사 나리를 뵈야지요."

이방의 말에 송보가 가볍게 손을 가로저었다.

"오늘은 여기서 푹 쉰 다음 내일 일찍 나주성에 들렀다가 가도록 합시다."

"아유, 나주는 번갯불에 콩 구워 먹듯이 후딱 지나 버려야 합니다요. 나주 목사 나리가 워낙 까탈스러워서……."

이방은 근심스런 표정을 지었으나 송보는 못 들은 척했다.

율정은 목포 쪽으로 빠지는 길과 해남 강진 쪽으로 빠지는 갈림길이었다. 그 삼거리 주막 앞에는 자그마한 팔작지붕 정자가 날렵하게 앉아 있었다.

정자에 오른 송보는 지필묵을 꺼내 시 한 수를 써 내려갔다. 다산 선생이 유배 중에 바로 이곳에서 쓴 시였다.

율정별(栗亭別 : 밤나무 정자의 이별)

띠풀(띠의 어린 꽃이삭 삘기의 방언)로 이은 주막집
새벽 등잔불 푸르스름 꺼지려는데
일어나 샛별을 바라보니
슬프다, 이제 정녕코 이별이구나
두 사람은 두 눈만 말똥말똥 할 말을 잊고
애써 말을 꺼내니 울음만 터진다
먼 흑산도는 바다와 하늘이 맞닿았다는데
형님은 어찌 그토록 먼 곳으로 가시나요?

때는 정조 임금이 승하한 이듬해인 1801년 11월 22일 겨울이었다. 남도 유배길에 오른 다산 선생과 둘째 형 손암 정약전 선생은 바로 이곳 주막집에서 하루를 묵었다. 그러고는 이튿날이 정자에서 마지막 인사를 나누고 형은 흑산도로 아우는 강진으로 갈라져 유배되었다. 그 이후로 형제는 서로 편지만 주고받았을 뿐 한 번도 만나지 못한 채 형이 먼저 세상을 떠났다.
 시를 적는 송보의 눈가에 눈물이 어룽어룽 맺혔다. 고매한 형제의 생이별을 생각하니 가슴이 저미도록 아팠다. 또한 스승이 함거(죄인을 실어 나르던 수레)에 실려 귀양 가던 길인데 자신은 수령이 되어 호위를 받으며 가니 죄송스럽기도 했다.
 송보는 다산과 손암 선생을 애도하는 글을 한 편 지었다. 그리고 술상을 청해 두 분 선생께 올리고 절했다. 강돌이 외엔 누구도 가까이 오지 못하게 했으므로 강진에서 온 사람들은 송보가 무얼 하는지 알지 못했다.
 그날 밤, 송보는 주막에서 새벽이 가까워 오도록 『목민심서』를 필사했다. 달빛이 창문으로 환히 비쳤고 가끔 부엉이가 울었다.
 "고맙구나!"
 새벽꿈에 다산 선생이 흐뭇한 미소를 지며 다녀갔다. 송보가 다산 선생 생각에 골몰하면 응답이라도 하듯이 꿈에 다녀가곤 하는 게 송보는 신기하고 재미있었다.
 눈을 뜬 송보는 문득 머리 위로 서늘한 기운을 느꼈다. 인기척이었다. 뱀처럼 소리 없이 스며든 사내가 있었다. 몸을 움직이는 게 예사롭지 않았다. 빠르고 과감한데도 전혀 소리가 나

지 않았다. 게다가 복면까지 쓰고 있었다. 밖에 호위 군졸이 지키는데도 이처럼 대범하게 들어오다니 예사 좀도둑은 아닌 듯했다. 소리를 쳐야 할지 누구냐고 물어야 할지 송보는 당황스럽고 겁도 났다.

"음, 음······."

놀라게 하면 당황한 불청객이 무슨 짓을 저지를지 몰라 송보는 몸부림을 치는 척하며 조금 움직였다. 복면을 쓴 자의 움직임이 멈추었다. 송보는 떨리는 가슴을 간신히 달래며 일단 작은 기침을 내뱉은 다음 낮고 차분한 목소리를 토해 냈다.

"흠흠, 여긴 책과 종이밖에 없소이다."

다음 순간 복면을 쓴 자는 재빠르게 몸을 돌려 소리도 없이 문을 열고 빠져나갔다. 그러고는 물 찬 제비처럼 몸을 날려 주막 울타리를 벗어났다. 날렵하고 익숙한 솜씨였다.

송보는 방문을 활짝 열었다. 문 밖에는 나졸 하나가 졸고 있고 인기척에 놀란 센돌이가 송보를 쳐다보았다. 먼 산 너머로 동이 트고 있었다.

없어진 건 전날 정자에서 쓴 다산 선생의 시와 제문이었다. 다행히 필사해 둔 『목민심서』는 손을 타지 않았다.

'누굴까? 예사 좀도둑은 아닌데…….'

송보는 은근히 걱정이 되었다. 도임 행차 도중에 죄인의 위령제를 지냈다는 꼬투리를 잡아 체차(벼슬을 취소시킴)시킬지도 몰랐다. 하지만 괴한이 송보에게 적대적인 행동을 하지 않은 걸로 보아 나쁜 의도를 가진 것 같지는 않았다.

송보는 아무런 내색도 하지 않고 다음 행선지로 출발했다.

"저…… 사또, 드릴 말씀이 있습니다요."

나주성 북문으로 들어서자 이방이 잔뜩 주눅이 든 채 말을 꺼냈다.

"이용심에 대해서 좀 알고 나주 목사 나리를 만나셔야 합니다요."

이방은 강진의 오랜 골칫거리를 털어놓았다.

오 년 전 이용심이란 자가 면민들을 선동하여 강진 관아로 쳐들어와서 기물을 부수고 현감을 협박하고 도망친 사건이 있었다. 그 후 백방으로 이용심을 잡으려고 했으나 아직까지 흔적조차 모른다는 거였다.

"나주 목사 나리가 분명 사또께 이용심을 잡아들이라고 닦달할 것입니다."

"오 년 전 남의 관내 일을 왜 지금 나주 목사가 닦달한단 말이오?"

강진과 인근 군현들이 나주목의 관할이긴 하나 오래 전 일을 닦달한다는 게 송보는 이해되지 않았다.

"저, 실은…… 오 년 전 강진 현감이 바로 지금의 나주 목사 나리랍니다. 그때 이용심에게 원한이 맺혀서 아주 이를 갈고 있거든요. 지금 강진 현감이 임기도 못 채우고 사또와 교체되는 것도 이용심을 못 잡은 탓이랍니다. 그러니 사또께서는 우선 반드시 잡겠다고 해 두시는 게 좋습니다."

나주 관아에 들어서자 당당하던 배 군관마저 잔뜩 쫄아 눈치를 살폈다. 그뿐만 아니라 나주 관아의 아전과 사령들까지 뭔가에 짓눌린 표정들이었다. 그 이유를 아는 데는 그리 오래 걸리지 않았다.

송보의 인사를 받는 둥 마는 둥 무시한 나주 목사 고광택은 갖은 인상을 쓰며 송보를 겁박했다.

"네가 할 일은 단 한 가지다. 이용심을 잡아라. 가을 추수가 끝날 때까지 잡아 내게 대령하지 못하면 너도 그날로 그만둬야 할 것이야. 알겠느냐?"

송보는 대답하지 않았다. 대신 속으로, '겁먹으면 지는 것이다. 태연해야 한다.' 하고 누차 마음을 다잡았다.

고광택의 눈꼬리가 칙 올라갔다. 눈꼬리 끝에 찢어진 상처가 있어 더욱 사나워 보였다.

"어째서 대답하지 않나? 내 명이 우스운가?"

송보가 천연덕스럽게 대답했다.

"아, 그게 저한테 하신 말씀이었습니까?"

고광택이 어이없다는 표정으로 이마를 짚더니 이방과 배 군관을 겨끔내기(서로 번갈아 하기)로 노려보았다. 배 군관과 이방이 더욱 움츠러들었다.

고광택이 뿌득 이를 갈며 혼잣소리처럼 내뱉었다.

"교육을 대체 어떻게 시킨 거야."

송보가 말했다.

"다시 여쭙겠습니다. 설마 그게 저한테 하신 말씀인가요? 지체 높으신 목사 나리께서 어명을 받들고 임지로 가는 수령에게 그렇게 함부로 말할 리는 없다고 생각합니다만."

"이, 이 새파란 놈이, 가, 감히……."

고광택이 말을 더듬거리자 송보는 이때다 하고 찌르듯이 되

물었다.

"혹시 제가 어리다고 막 대하신 거라면 저를 임명하신 상감을 욕보이는 일과 진배없는데 그건 아니겠지요?"

고광택이 움켜쥔 주먹을 부르르 떨었다. 이방과 배 군관은 더욱 몸을 사리며 부들부들 떨었다. 그 모습을 송보는 담담하게 쳐다보았다.

"그, 그렇지. 그, 그건 저 무능한 이방 놈과 배 군관 놈에게 한 말이지. 암, 그렇지. 시, 신임 현감은 이리 오, 올라오시게."

송보가 관청 마루로 올라서자 그때서야 방석이 나오고 찻상이 나왔다.

"이, 이걸 보시게. 내 눈 언저리가 찢어지고 이마도 깨져 아직 상처가 있다네. 팔도 부러졌지. 그 이용심이란 놈은 관청을 부수고 재물을 훔치고 수령을 이 지경으로 만든 아주 흉악한 놈이라네. 부임하면 최우선적으로 그놈을 잡아 주게. 내 꼭 부탁함세."

송보가 차를 한 잔 마신 후에 대답했다.

"오면서 들은 것보다 훨씬 흉악한 자로군요. 기일을 확정하기는 어려우나 최우선적으로 잡도록 노력하겠습니다."

그때서야 고광택의 얼굴에 웃음기가 돌았다.

"어허, 그렇지. 그래야지. 역시 소년 등과한 수재다운 말일세. 허허허."

대충 인사치레를 한 송보 일행은 서둘러 나주 관아를 빠져나왔다. 앞장선 배 군관은 엉덩이에 불이라도 붙은 듯 부리나케 나주성을 빠져나갔다.

성을 십 리나 벗어나서야 이방과 배 군관은 동시에 안도의 한숨을 토해 냈다.

"어유, 한 이십 년은 감수했네. 우린 나주에서 다 요절나는 줄 알았습니다요."

이방의 말에 배 군관도 혀를 내두르며 맞장구쳤다.

"아니, 사또. 대체 이 작은 체구 어디서 그런 배짱이 나오십니까요. 개한테 물려 본 놈은 개 짖는 소리만 들어도 움츠러든다고, 저희들은 그 나리를 모실 때 하도 당해서 목소리만 들어도 오금이 저리는데 참 대단하십니다요."

송보는 피식 웃음이 나왔다. 배 군관이 허우대만 멀쩡했지 겁쟁이라는 생각이 들어서였다. 쫄리기는 송보도 마찬가지였으나 이 길은 다산 선생께서 죽을 고비를 넘기며 귀양살이를 가던 길이 아닌가. 그 생각을 하니 아무것도 무섭지 않았다.

도임 행차가 해남을 지나는 동안 내내 월출산 광경이 눈길을 사로잡았다.

"월출산이 남도의 금강이라더니 과연 기기묘묘하고 웅장하구려. 저 산의 기운을 받아 신라 말에 도선 국사가 태어나 고려 왕조의 건국을 도왔고, 더 아득한 옛날 백제 때 왕인 박사가 태어나 큰 학문을 이루었다지?"

바다를 뒷배경으로 하여 웅장하게 치솟은 월출산을 우러러보며 송보가 시를 읊조리듯이 말했다.

"예. 바로 저 앞산 너머에 도선 국사 전설이 서린 도갑사란 절이 있습지요. 그리고 왕인 박사의 공부방이라는 책굴과 닥나무를 찧어 종이를 만들었다는 지친암이란 바위도 있답니다."

이방이 말을 받았다.

"아, 그래요. 월출산을 올라가 보지 못하고 지나는 게 아쉽구려."

어느덧 행차는 풀티재란 고개 앞에 도착했다.

"이제 다 왔습니다요. 저 고갯마루만 넘어서면 강진 관내이니까요."

배 군관이 말의 엉덩이에 채찍을 갈기고는 고개를 오르기 시작했다.

송보는 센돌이 등에서 내리더니 걸어서 고개를 올랐다. 남도의 봄바람이 훈훈하여 금세 땀이 났다.

"아니 사또, 오르막에서 어찌 힘든 걸음을 하십니까요?"

이방의 말에 송보가 센돌이의 목덜미를 쓸며 대답했다.

"이 아이도 힘든데 오르막에서 나라도 짐을 좀 덜어 주어야 되지 않겠소."

"아, 네."

이방이 고개를 끄덕거리며 지친 말에게 채찍질을 해대는 배 군관을 흘겨보았다.

센돌이의 고삐를 쥔 강돌이는 힘이 남아도는 듯 성큼성큼 걸었다.

"삘릴리리……!"

"둥둥 두두두 둥둥……!"

오르막을 중간쯤 오르니 날라리 소리, 북소리가 기운을 북돋아 주었다. 고갯마루 주막에서 나는 소리였다. 신임 현감을 마중 나온 무리였다.

"어서 오십시오 현감 나리. 여기부터 강진이니 이제 저희가 모시겠습니다."

기다리던 예방이 고개를 조아렸다가 송보의 얼굴을 보고는 깜짝 놀랐다. 이방이 눈을 끔쩍하자 예방이 다시 예의를 갖추었다. 이어 호위 군사들을 이끌고 나온 군관이 깍듯하게 군례를 바쳤다.

"강진현 마두진 수문장 오치성입니다. 신임 상관 병마도위를 뵙습니다."

오 군관은 훤칠한 키에 눈이 부리부리하고 어깨가 떡 벌어진 장부였다. 살만 투실투실한 배 군관하고는 분위기가 확연히 달랐다. 지금까지 송보를 보고 놀라거나 웃지 않은 사람은 오 군관이 유일했다.

"그대는 어찌 나를 보고도 놀라지 않소?"

송보가 웃음을 띠며 묻자 오 군관이 오히려 의아한 표정을 지었다.

"어명을 받고 오신 상관을 보고 어찌 놀라겠습니까."

강진현은 바다를 끼고 있어 작은 수군 진이 있었다. 그에 따라 현감은 병마도위를 겸하여 진을 다스리도록 되어 있었다.

"신임 병마도위가 이렇게 왜소하고 어리니 놀랍지 않

소. 다들 나를 꼬마 현감이라고 놀리던데요?"

그래도 오 군관의 표정은 아무런 변화가 없었다.

"소관은 직책을 보지 외모를 보지 않습니다."

송보도 장난기를 거두고 근엄하게 말했다.

"반갑소이다."

국밥 한 그릇을 후루룩 먹은 배 군관은 호위를 오 군관에게 넘기고 말을 달려 먼저 강진으로 출발했다. 풀티

재 주막에서 요기를 하고도 이삼십 분을 좀더 쉰 다음 행차는 다시 출발했다.

송보는 관아에서 나온 가마에 올라탔다. 관내 마을이 보이자 날라리 소리와 북소리가 더욱 기세를 올렸다. 깃발을 앞세운 나졸이 열 명이나 되고, 오 군관이 말을 타고 앞장서서 길을 여니 행렬은 의젓하고 당당했다. 날라리와 북소리에 백성들은 멀리서도 신임 현감이 당도했음을 알아보았다.

논두렁에 쥐불을 놓던 농부들이 득달같이 달려와 인사했다.

"봄 농사 준비에 바쁘시겠소."

막상 달려와서 인사하고 보니 어린 현감이라 모두들 놀라기부터 했다.

"아, 네네. 그, 그렇습죠."

"지금 가장 힘든 건 무엇이요?"

"저, 지난 가을부터 가뭄이 심했는데 아직 비가 오지 않아 큰 걱정입니다."

"그래요. 저수지와 관개 수로 형편부터 살펴봐야겠군요."

송보는 당장 해결해야 할 것과 관내 지형과 경치까지 기록했다. 행렬을 알아보고 멀리서 고개를 조아리는 백성에게는 일일이 손을 흔들어 주었다.

"이제 다 왔습니다. 한양에서 천 리도 넘는 길에 큰 고생하셨습니다."

풀티재를 떠난 행차는 다음 날 저녁 무렵에야 강진 읍성의 동문 앞에 도착했다.

"신임 현감 행차시다! 동문을 활짝 열어라!"

예방이 호기롭게 소리쳤다.

그때 송보가 가마에서 내려 명했다.

"예서 그만 멈추시오."

모두들 의아한 눈으로 송보를 바라보았다.

"본관은 오늘 여기 주막에서 자고 내일 등청할 것이오."

예방이 앞으로 나서서 마구 손사래를 쳤다.

"에구, 안 됩니다요. 지금 관아에 상을 거하게 차려 놓고 기다리고 있습니다요. 가서 푸짐하게 드시고 여독을 푸셔야 내일 취임식을 하지요."

송보는 고개를 가로젓고 근엄하게 말했다.

"수령은 취임 전날에 관아 밖에서 자는 것이 마땅하오. 취임도 하기 전에 관청에서 자면 격에도 맞지 않고, 여러 사람이 인사를 오가느라 분주하게 되고 백성들도 불편할 것이오."

아전들이 다시 손사래를 치며 나서기 전에 송보의 명이 떨어졌다.

"예방과 호방은 관속들을 데리고 먼저 가서 취임식 준비를 하시오. 아침에 관내를 한번 돌아보고 사시(하루를 12시간으로 나눌 때 오전 9~11시) 중간에 취임식을 할 것이오. 고을 유지와 어른들과 점심을 먹게 준비해 주시오. 정성은 보이되 절대로 사치스럽게 해서는 안 되오."

아전들은 고개를 갸웃거리면서 명을 따랐다. 군사도 오 군관과 나졸 둘만 남기고 들여보냈다.

'사의재(四宜齋!)'

동문 주막의 사립문을 들어서니 야트막한 초가의 봉놋방(주막이나 여관에서 여럿이 함께 자는 큰 방)에 예사롭지 않은 현판이 걸려 있었다. 송보는 그것이 다산 선생의 필체라는 걸 한눈에 알아보았다.

'생각은 맑게, 용모는 단정하게, 말은 줄이고 행동은 무겁게 하라.'

유배지에서 스스로를 단속하는 네 가지 삶의 자세를 다짐하며 다산 선생이 지은 당호였다.

"어서 오십시오, 사또."

중늙은이 주모가 나와서 반듯하게 인사했다. 여느 주막 아낙네와는 달리 함부로 웃음을 흘리지 않고 자세에도 품위가 배어 있었다. 어쩌면 사의재에서 다산 선생께 한 자락 배움이라도 얻은 사람일지 몰랐다. 별 말이 없어도 풍기는 분위기가 그렇게 일러주었다.

처음 다산 선생이 강진에 유배를 왔을 땐 모두들 얼굴을 대하기조차 꺼려했다. 천주쟁이에다 역적이라니, 근처만 가도 큰

벌을 받을 줄만 알은 까닭이었다. 이미 그 전 해에 다산 선생과 안다는 이유 하나만으로 감옥살이를 한 사람이 있어서 더욱 그랬다. 그 바람에 양반네는 물론 누구도 거처를 내주려 하지 않았다. 그때 동문 주막의 중늙은이 아낙이 봉놋방을 내주어 살게 했던 것이다.

다산 선생은 주막의 봉놋방에서 사 년을 살았다. 살면서 복사뼈가 드러나도록 방 안에 틀어박혀 학문을 연구하고 글을 썼다. 그 와중에 마을의 동네 아이들을 가르치고자 '사의재'라는 현판을 걸고 서당을 연 것이 유일한 소일거리였다.

그때 다산 선생은 그 아이들을 가르치느라 『아학편』이란 책을 썼다. 처음 글을 배울 때 교재로 사용하는 중국의 『천자문』이 우리 실정에 맞지 않아 새로 만든 것이었다. 송보 역시 『아학편』으로 첫 번째 책씻이(글방 따위에서 학생이 책 한 권을 다 읽거나 베껴 쓴 뒤 선생과 동료에게 한턱 내는 일)를 했다.

그날 밤, 송보는 사의재에서 마침내 『목민심서』 필사를 끝냈다. 임지로 오는 한 달여 동안 지성으로 완성한 것이었다.

"잘 해냈구나, 송보야."

필사를 끝내고 호롱도 끄지 않고 잠깐 잠이 든 새벽꿈에 다산 선생이 나타났다.

"내가 십수 년 걸린 일을 너는 한 달 만에 끝냈구나."

"저는 그저 선생님의 말씀을 그대로 옮겨 적었을 뿐입니다.

이제는 실제 행위로 옮기겠습니다."

다산 선생은 흐뭇한 미소를 머금고 송보의 등을 토닥토닥 두드렸다. 그 느낌에 송보는 눈을 떴다. 사의재 문을 여니 강진만에 붉은 아침놀이 어리기 시작했다.

"기침하셨습니까 사또?"

오 군관이 말 두 마리를 대동하고 문 앞에서 기다렸다.

"이른 아침부터 어딜 가시게요?"

송보가 궁금해하며 물었다.

"현감 취임식을 하시기 전에 병영에 다녀오시는 게 좋을 듯합니다."

"마두진 말이오?"

"아닙니다. 전라 병영의 절도사 영감을 먼저 배알하지 않으면 장차 곤란한 일이 많을 것입니다."

송보는 '아차!' 싶었다. 직무상으로 나주 목사가 송보의 직속상관이며 그 위로는 전라 감사가 있었다. 두 상관은 오는 길에 배알하였는데 미처 무관인 절도사는 생각하지 못했다. 전라도 지역 군사 책임자인 전라 병마 절도사는 종이품 무관이었다. 그도 강진현의 관내 상급자라 송보가 인사를 챙겨야 할 인물이었다. 하지만 직속상관은 아니니 취임식을 한 다음에 챙겨도 될 듯했는데 그게 아니었다.

"그럽시다. 취임식 전에 다녀오려면 서둘러야겠군요."

두 필의 말이 요란한 발굽 소리를 내며 주막을 빠져나갔다.

화방산 계곡을 빠져나오니 들판이 펼쳐졌다. 들판 끝에는 강진에서 가장 크고 우람한 수인산이 날카로운 산세를 뽐내며 버티고 있었다. 전라 병영은 수인산 아래 탐진강을 낀 널찍한 들판에 해자(적의 침입을 막기 위해 성벽 밖에 판 수로)까지 갖춘 튼튼한 성을 구축하고 있었다.

"취임하고 나서 다시 오라는 전갈입니다."

황당한 일이었다. 새벽길을 달려왔건만 얼굴도 보지 않고 돌아가라니. 송보와 오 군관은 수백 년은 되었을 법한 거대한 팽나무를 뒤로하고 성을 나왔다.

"그럴 줄 알았습니다."

말을 천천히 몰며 오 군관이 말했다.

"그럴 줄 알면서도 이리 다급하게 왔단 말이오?"

"예. 이러지 않으면 나중에 화를 당하게 됩니다. 취임식을 하고 나중에 인사를 가면 순서가 틀렸다며 치도곤을 안깁니다. 이웃 장흥에서는 현감의 취임식에 짓쳐들어와 판을 엎어 버렸습니다. 그런 일을 당한 수령은 체면이 서지 않아 제대로 수령 노릇을 하기 어렵지요. 일단 이렇게라도 인사를 해 두어야 그 일은 면하게 되니 새벽길을 재촉한 것입니다."

절도사는 괴팍한 다혈질 무장이었다. 아무런 내색도 없다가 느닷없이 약점을 치고 들어와 요절내는 걸 즐긴다는 거였다.

나주 목사와 더불어 절도사로 인해 고을살이가 만만치 않을 듯하여 송보는 가슴이 무거워졌다.

"고맙소. 오 군관이 아니었으면 시작부터 곤란할 뻔했소."

오 군관이 다시 군례를 올리며 정중하게 말했다.

"소관에게는 존대를 마시고 당당히 명을 내리십시오. 상관께 존대를 듣기가 심히 거북합니다."

"아전들에게도 존대하는데 군관에게 못하겠소. 품계도 별 차이가 나지 않는데요?"

송보는 종육품, 마두진 수문장은 정칠품으로 고작 한 등급 차이였다. 그럼에도 오 군관은 깍듯하게 군례를 지켰다.

"나이 많은 아전들이나 향관들에게는 존대하시더라도 저에게는 그러시면 안 됩니다. 나리는 소관의 직속상관이시고 소관은 상관의 명에 목숨을 거는 군인입니다. 꼭 당당히 명을 내리셔야 합니다."

정색하고 바라보는 오 군관의 눈빛이 단호했다.

"아, 알겠네. 내 그리하지."

송보는 임금께 대장검이라도 받은 듯 든든해졌다.

현청으로 들어간 송보는 관복을 다시 차려 입고 임금이 계신 북쪽을 향해 섰다. 망궐례(음력 초하루와 보름에 각 지방의 관원이 궐패에 절하던 의식)를 하기 위해서였다. 그러다가 품속에서 쪽지를 꺼내 펼쳤다.

보야, 정히 감당하기 힘들면 기별하거라.
내 비록 허수아비 왕이라 하나
말단 수령에게 한 번 도움이야 못 주겠느냐.
가서 소신껏 하려마.

권력자들은 송보가 임금께 하직 인사를 할 기회도 주지 않았다. 그때 임금은 내시를 통해 은밀히 쪽지 하나를 송보에게 전했다. 송보는 그것을 어명처럼 간직하고 있었다.

"전하께서 이곳 강진의 백성을 소신에게 맡기셨으니 소신은 전하의 손발이 되어 삼가 어질고 바르게 다스리겠나이다."

망궐례를 마친 송보는 느린 걸음으로 의젓하게 동헌으로 나아갔다. 관아의 모든 사령과 노복들이 늘어서서 고개를 조아리고, 유향소(지방 수령을 보좌하던 자문 기관)의 향관들이 송보를 따라 대청으로 올라와 앉았다. 대청 아래는 자리를 깔고 읍내 고을마다 연장자를 초대하여 한 상씩 차려 주었다.

관속과 유지들의 인사를 받은 다음 송보가 입을 열었다.

"부족한 사람이 나라님의 과분한 성은을 입어 이 자리에 앉게 되었습니다. 내 재주는 볼품없으나 우리 고을의 모든 기쁨과 괴로움을 함께하겠습니다. 오늘 차린 것은 변변치 않으나 달게 먹고 마시며 즐겨 주시기 바랍니다."

송보의 말이 끝나자 풍악이 울리고 왁자지껄한 소리와 더불

어 잔치 분위기가 났다.

"잘 오셨습니다 현감. 제 술 한 잔 받으시지요."

쉰은 넘은 듯한 사내가 까닥 목례를 하고는 술을 권했다. 비뚜름하게 올라간 입꼬리와 찢어진 눈매가 음흉해 보였다.

"우리 강진의 가장 큰 부자시고 고을의 살림을 다 챙겨 주시는 고 좌수십니다요. 나주 목사 나리와는 한 집안이죠 네."

호방이 유난스레 웃음을 띠며 소개했다. 좌수라면 각 고을의 별감들을 거느린 향관의 우두머리였다. 수령 노릇을 탈 없이 하려면 좌수부터 내 편으로 만들어야 하는 건 기본이었다. 하지만 송보는 고 좌수의 인상이 영 마음에 들지 않았다. 더구나 나주 목사와 한 집안이라면 그 뒷배를 믿고 꽤나 유세를 떨어댈 게 분명했다.

"앞으로도 많이 도와주십시오."

송보는 술을 받으며 예의상 말했다.

"하하하하! 염려 붙들어 매십시오. 강진은 내 손바닥 안에 있습니다. 나주 목사도 그렇고 전주 감영의 관찰사도 다 나와 한 집안이니 염려 안 하셔도 됩니다."

고 좌수는 자기가 현감인 양 거만스런 태도였다. 그런 태도를 못마땅하게 지켜보던 오 군관이 자리에서 불쑥 일어섰다.

"마두진 수문장 오치성, 신임 현감 나리께 한 잔 올리겠습니다."

훤칠하고 당당한 무장이 군례를 바치니 일시에 군율이 잡힌 듯 위엄이 감돌았다.

"하명하시면 목숨을 걸고 수행하겠습니다."

송보가 담담하고 간명하게 인사를 받았다.

"고맙네."

오 군관이 위엄을 세우니 누구도 감히 송보에게 허튼 수작질을 건네지 못했다.

"마두진 수문장은 힘도 세지만 택견 실력으로는 절제사 병영에서도 당할 자가 없답니다."

병방이 설명했다.

오 군관이 물러나자 각 고을의 별감들이 돌아가며 송보에게 잔을 올렸다. 송보는 예의상 입만 적시고 술잔을 내려놓았다. 그리고 예방을 시켜 고 좌수를 비롯한 별감과 유지들에게도 술을 한 잔씩 건넸다.

해가 이미 중천을 넘어 한발이나 기울어져 있었다. 어지간히 술과 밥을 먹었을 즈음 송보가 자리에서 일어섰다. 여흥이 길어지면 취하기 일쑤이고, 그러면 처음부터 기강이 흐트러질 것을 막기 위함이었다.

"오늘은 이만 자리를 거두겠습니다. 화급한 일이 아니라면 소관이 업무를 파악하고 일을 시작할 때까지 기다려 주기 바랍니다."

향관들은 더 시간을 끌고자 하였으나 송보는 단호하게 마무리했다. 비로소 긴 부임 행차가 끝난 것이었다.

제2장 율기

먼저 나와 가족부터 바르게 다스려라

송보는 날이 밝기 전에 일어나 씻고 의관을 챙겨 입었다. 하지만 바로 동헌으로 나가지는 않고 숙소에서 『목민심서』를 읽는 것으로 하루를 열었다.

'경험도 부족한 신임 수령의 처세는 어떠해야 할 것인가?'

실로 어려운 일이었다. 더욱이 강진은 자신이 나고 자란 한양과는 너무도 다른 바닷가 오지였다. 풍습이 다르고 사람들의 성정도 달랐다.

'이곳에서 다스림은 어떻게 펼쳐야 할 것인가? 원칙대로만 하면 문제는 없을까?'

『목민심서』에 그 답이 있었다.

대개 도읍 사람들은 재산이 많고 사치가 심하고 수단이 좋다. 반면에 시골 사람들은 단순하고 사는 게 어렵다. 그러므로 도읍에서는 엄하게 하여 규율을 바로 세우고, 시골에서는 너그럽게 대하여 고달픈 삶을 위로해야 한다. 그러면 백성이 수령을 잘 따를 것이라고 다산 선생은 가르치고 있었다.

'원칙은 같지만 형편에 맞게 잘 변통해야겠군. 그러자면 강진의 형편을 자세히 알아두는 것이 먼저렷다.'

날이 밝으면 당직으로 밤을 샌 아전과 그날의 근무 아전들이 모여 일정을 아뢰었다. 조회의 일종인 참알(參謁)이었다.

참알이 끝나면 송보는 아전들과 아침을 같이 먹었다. 반찬도 차별 없이 차리고 식사자리가 편하도록 배려했다. 이전 현감들은 식사를 따로 했는데 함께 밥을 먹으니 아전들은 황송해하면서도 좋아했다. 하지만 수령을 가벼이 보거나 감히 넘보지 못하도록 말없이 천천히 아침을 먹었다.

"우리 고을에 화공이 있소?"

동헌에 나가 송보가 물었다.

"있습지요. 우리 강진현이 잘 살지는 못해도 경치가 절경이니 화공들이 제법 있고 솜씨 또한 뛰어납니다. 그들에게 죄다 그림을 가져오라고 할깝쇼?"

공방이 앞으로 나서며 대답했다.

"그럴 필요는 없고 개중에 실물을 잘 그리는 화공을 데려오시오."

얼마 후 공방이 화공을 데려왔다. 모두들 신임 현감이 화공을 데리고 무얼 하려나 관심을 기울였다.

"우선 강진현 전체 지도를 상세하게 그려 주시오. 또한 읍내 지도를 그리는데 관청을 중심으로 집과 시장과 논밭과 길을 실제에 가깝도록 그려야 합니다."

"사또, 그걸 대체 어디에 쓰려고 그러십니까?"

이방의 말에 송보가 대답했다.

"항상 내 옆자리에 걸어 놓고 일을 보려 합니다."

아전들이 '아하!' 하며 고개를 끄덕거렸다.

송보는 화공에게 적당한 수고비를 주도록 호방에게 당부하는 것도 잊지 않았다. 그런 다음 책력(달력)을 가져오게 하여 날짜별로 일정을 기입하여 집무실 벽에 걸었다.

"관내의 모든 도장을 가져오시오."

송보의 명에 따라 예방이 모든 문서에 찍히는 도장을 한 바구니나 들고 왔다. 송보는 그것을 일일이 점검하여 분류한 다음 다시 명했다.

"낡은 것은 다시 파고 때가 낀 것은 깨끗하게 청소하여 쓰도록 하시오. 특히 각 면으로 보내는 도장은 모두 새것으로 교체하시오."

도장이 흐리면 아전들이 문서를 속일 수 있음을 방지하려는 처사였다. 그리고 나서 현청 밖으로 나간 송보는 대문 왼편의 기둥 가운데를 짚었다.

"여기쯤이 좋겠군요. 소리가 잘 나는 북을 하나 매달아 두시오. 그리고 누구라도 긴급히 하소연할 일이 있다면 북을 치라고 널리 알리시오."

이미 개국 초기에 태종 대왕이 신문고 제도를 시행하였던 것인데 지방의 수령도 이를 본받아 마땅히 해야 하는 일이었다. 하지만 대다수 지역에서 북소리가 사라진 지는 오래되어 아전들마저 그런 제도가 있는지조차 몰랐다.

기본적인 근무 여건을 갖춘 송보는 붓을 들어 각 마을로 보내는 글을 썼다.

각 고을의 일을 잘 아는 사람들은 모여서 마을의 문제점과 고칠 방안을 의논하여 글로 써서 올려라. 그 글은 봉투를 봉하여 누구도 미리 열어 보지 못할 것이며 그 내용이 거짓되거나 헛되이 과장된 것이 밝혀지면 벌을 받게 될 것이다.

이렇게 해 놓고 송보는 이용심 사건 파악에 나섰다. 최우선적으로 해결하겠다고 나주 목사와 약속도 했지만 대충 듣기에도 이용심은 참으로 흉악한 범죄자였다. 흉악 범죄나 도적은 백성의 안위를 위해서도 우선적으로 해결해야 했다.

'이상한데?'

사건 기록을 검토하던 송보는 고개를 갸웃거렸다. 이용심은 관아로 쳐들어와서 기물을 부수고 재물을 약탈하고 현감과 관속들에게 큰 상해를 입힌 걸로 되어 있었다. 그것은 거의 대역죄에 해당하는 중대 범죄였다. 그런데 사건의 원인이 명료하지 않았다.

"이용심이 백성을 선동하여 관아로 짓쳐들어온 이유가 무엇이오?"

송보의 물음에 형방이 머뭇거리다가 아뢰었다.

"그저 불평불만이 많았지요 뭐. 조세가 너무 많다. 병역도 싫다. 공납의 양이 너무 많다. 뭐 그런 겁니다."

"이용심의 가족은 어디 있소?"

"읍내서 뚝 떨어진 마량면 끄트머리에 살고 있습지요."

"가족은 어떻게 되었소?"

송보가 배 군관을 쳐다보며 물었다.

"뭐, 당시 고약한 고광택 현감 나리 성질에 그냥 뒀겠습니까. 거의 요절냈지요. 그 여파로 이용심의 아비는 장독(매를 심하게 맞아 생긴 상처의 독)으로 죽고 그 아우는 허리를 못쓰게 되었습니다. 그렇게 집안이 결단났는데 그놈은 하늘로 솟았는지 땅으로 꺼졌는지 코빼기도 안 보입니다."

"그런데 왜 그런 사실은 기록이 안 되어 있는 것이오?"

송보의 물음에 형방도 배 군관도 대답을 얼버무렸다. 그들은 사건에 대해서는 말하기를 꺼리고 오직 이용심을 잡는 일에만 적극적이었다.

"그, 그건, 그러니까 범죄 사실이 워낙 중대해서 원인은 대충……."

송보는 배 군관으로 하여금 날랜 군졸들로 체포 조를 꾸리도록 지시하고 나주 목사에게 보고서를 올렸다.

"현감 나리께서는 산성 지휘소로 오시랍니다."

병마 절제사의 전령이 말했다. 미리 통보하고 인사를 갔는데도 절제사는 병영에 있지 않았다.

"필시 현감 나리를 시험하고자 일부러 그러는 것일 겁니다요. 절제사는 아주 괴팍스러워서 사람을 떠보고 시험하기를 즐기거든요. 어쨌든 강진에서 한자리 하는 치들은 하나도 그냥 넘어가는 법이 없다니까."

함께 나선 병방이 투덜거렸다.

산성은 무척 가파른 곳에 자리 잡고 있었다. 관문을 통과해서도 지휘소까지는 바위너설 비탈길을 한참이나 올라가야 했다. 이방은 하늘이 노래진다며 헐떡거렸다. 송보도 다리 힘이 풀리는 걸 느끼며 간신히 걸음을 뗐다.

"신임 강진 현감 송보, 절제사 영감께 문안드립니다."

절제사는 키가 크지 않았으나 어깨가 크고 눈이 부리부리한 호랑이 상이었다. 훈련 중도 아닌데 그는 갑옷에 장검을 차고 좌우에 비장들을 세워 위엄을 잔뜩 차렸다.

"소년 등과로 장안에 이름이 자자하더니, 내 이런 궁벽한 곳에서 그대를 보니 영광이로세."

절제사가 송보를 노려보며 놀리듯이 이죽거렸다. 그리고 글자를 적은 종이 한 장을 치켜들었다.

"이것이 무엇인가?"

송보가 담담하게 대답했다.

"두려워 할 외(畏)자가 아닙니까?"

"내가 왜 이것을 들었겠는가?"

"수령 된 자는 세 가지를 두려워하라 하였습니다."

"허허, 세 가지씩이나? 읊어 보게."

"스스로 돌이켜보아 올바른지 두려워하고, 법에 합당한지 두려워하고, 백성을 두려워하라 했습니다."

『목민심서』의 가르침이었다.

"하나는 맞고 둘은 틀렸다. 자신이 올바른지 돌아보기엔 그대는 너무 경험이 없고, 백성을 두려워하면 다스릴 수가 없다. 단 법에 합당한지 두려워해야 하는 것은 맞다. 나는 오직 이 하나만 중시한다. 알겠는가?"

송보는 그저 고개를 숙여 받아들였다. 어차피 시험하려 드는 자와 논쟁할 필요는 없었다. 하지만 그게 끝이 아니었다.

"그대는 문과에서도 좋은 성적으로 급제하였으니 『정관정요』에서 말한 바 벼슬살이의 비결 세 가지를 알겠지?"

송보가 낭랑하게 대답했다.

"첫째는 청(淸)이니 스스로 청렴함을 보일 것이요, 둘째는 신(愼)이니 누가 보지 않아도 스스로 삼가고 조심할 것이요, 셋째는 근(勤)이니 부지런해야 한다. 이 셋을 지킨다면 능히 다스림을 이룰 것이라 하였습니다."

절제사가 좌우를 돌아보며 너털웃음을 터뜨렸다.

"잘 알고 있군. 그렇게 실천한다면 아전들이 감히 자네를 속이려 들지 못할 것이네. 하지만 강진의 향관과 아전들은 결코 만만치 않으니 단단히 단속하도록 하게."

조마조마하며 지켜보던 이방과 병방이 안도의 한숨을 포옥 내쉬었다.

"하나만 더 묻겠네."

절제사가 눈을 빛내며 질문했다. 설마 이건 모르겠지 하는 표정이었다.

"고을살이를 망치는 다섯 가지 잘못에 대해 아는가?"

송보는 잠시 눈을 감았다. 절제사 옆의 비장들이 수군거렸다. 생각을 정리한 송보가 입을 열었다.

"첫째는 아랫사람한테 마구 긁어내서 윗사람한테 바치는 조세의 잘못이요, 둘째는 사정을 듣지도 않고 무서운 법조문부터 들이대 다그치는 형옥의 잘못이요, 셋째는 밤낮 맛난 것과 술잔치에 빠져 업무를 등한시하는 음식의 잘못입니다. 넷째는 백성과 이익을 다투어 자신의 주머니를 채우는 재물의 잘못이요, 기생과 더불어 노래와 춤과 술에 빠지는 음란의 잘못이 다섯 번째입니다."

눈을 지그시 감은 채 듣고 있던 절제사가 별안간 번쩍 눈을 뜨고는 탁자를 '쾅!' 내리쳤다.

"강진 현감 납시었다. 주안상을 대령하라!"

까다롭고 괴팍한 줄만 알았더니 절제사는 무관답게 호탕한 면도 있었다. 절제사는 송보에게 직접 술을 따라 주며 살갑게 굴기까지 했다. 뒤에 알아보니 절제사의 질문에 막힘없이 대답한 수령은 송보가 유일했던 까닭이라고 했다.

"사또, 일이 생겼습니다. 나와 보시옵소서."

송보가 문을 여니 관아 뜨락에 관노 둘이 꿇어앉아 있고 그 뒤에 강돌이가 씩씩대며 서 있었다. 강돌이가 괄괄한 성격을 참지 못하여 기어이 사고를 치고 말았다. 송보더러 꼬마 현감이라고 수군대는 노비 둘을 흠씬 두들겨 준 것이었다. 송보가 그것을 어떻게 처결하는지 아전들은 호기심 어린 눈으로 지켜보았다.

사정을 들은 송보는 형방에게 단호하게 명을 내렸다.
"당장 강돌이를 형틀에 묶어 대령하라!"
이방도 형방도 손을 내저으며 말렸다.
"사또, 어느 자식이 제 부모를 욕하면 참겠습니까. 강돌이도 제 상전을 위해 한 일이니 관노들을 벌하십시오. 감히 천한 것들이 현감 나리를 욕보이다니 엄하게 다스려야 합니다요."
형방이 거듭 아뢰었다. 그 모습을 지켜보는 예방이 입꼬리를 올리며 샐쭉 웃었다. 송보를 위하는 척하나 실은 아전들이 자신을 시험하고 있음을 송보는 알아챘다.
"저희들이 잘못했사옵니다. 저희들을 벌해 주시옵소서."

관노 둘도 스스로 벌을 청했다. 그러자 송보가 판결했다.

"너희들은 죄가 없다. 강돌이를 처벌할 것이다!"

모두들 의아한 표정으로 송보를 바라보았다. 강돌이도 벙벙한 표정을 지었다.

"사령들은 무얼 하느냐. 어서 강돌이를 형틀에 묶어라!"

마지못해 사령 둘이 형방의 눈치를 보며 형구를 펼치고 강돌이를 그 앞에 세웠다.

"보이지 않는 곳에서는 나라님도 욕하는 법이다. 관노들이 내가 없는 곳에서 나를 좀 놀렸기로 함부로 주먹질을 하는 건 지나친 행패가 분명하다. 이는 제 주인이 수령임을 믿고 방자하게 군 것이니 용서할 수 없다. 강돌이를 장 스무 대에 처한다. 즉시 시행하라!"

단호한 송보의 처결에 관아는 일시에 규율이 섰다.

그날 밤 송보는 앓아 누운 강돌이를 찾아 위로했다.

"많이 아프냐?"

강돌이는 겸연쩍게 웃으며 뒷머리를 긁었다.

"아닙니다요. 제가 우쭐하여 도련님께 죄를 지었지요 뭐."

말은 그렇게 했으나 강돌이의 얼굴에는 서운함이 가시지 않았다.

"내가 이곳의 수령이 아니라면 그리 엄하게 하지는 않았을 것이다. 하지만 수령의 가족이니 더 엄하게 하는 것이다."

송보의 말에 강돌이는 눈을 크게 뜨고 벌떡 일어났다.

"아유, 가족이라니요. 저 같은 천한 종놈에게, 천부당만부당합니다요."

송보가 강돌이의 손을 꼭 잡았다.

"아니다. 너는 내가 코흘리개 적부터 형처럼 나를 살폈다. 비록 신분의 차이가 있으나 너는 이곳 강진에서 나의 유일한 가족이다. 너의 행동이 곧 나의 행동이니 조심해야 한다. 알았지, 깡돌아?"

송보가 씩 웃으며 별명을 부르자 강돌이의 두 눈에 눈물이 그렁그렁하였다.

"혹 관속이나 백성이 너를 통해 나에게 물고기 한 마리라도 전하려 하면 절대로 받아서는 안 된다. 너도 여기서 밥값은 해야 하니 관아의 텃밭을 일구어라. 그리고 시간이 나면 나무도 해 오고 낚시를 하여 반찬거리를 장만하는 건 괜찮다. 한양에 계신 부모님께 갈 때 선물은 오직 그렇게 장만한 것과 내 봉록으로만 감당할 것이다."

송보는 강돌이의 방을 나오며 엽전 두 냥을 쥐어 주었다. 곤장을 맞느라 찢어진 바지를 새로 사 입으라는 뜻이었다.

진달래가 한껏 핀 봄날이었다. 취임식과 신임 인사를 대략 마친 송보는 마음으로 그리던 다산 초당을 찾아 나섰다. 진작 찾고 싶은 맘 간절했으나 수령이 개인적인 일부터 볼 수는 없는 노릇이었다. 게다가 가급적이면 송보는 자신이 다산 선생을 스승으로 모신다는 사실을 구태여 알리고 싶지 않았다. 자신의 실수가 다산 선생의 이름에 흠이 될까 두려웠기 때문이다.

다산 초당은 현청에서 그리 멀지 않았다. 도암면 만덕산 아래 귤동 마을 입구에서 송보는 센돌이의 등에서 내렸다.

"저기 어디에 고삐를 매어 두고 쉬고 있으렴."

강돌이에게 센돌이를 맡겨 두고 송보는 홀로 천천히 산길을 올랐다.

얼마간 숲길을 거슬러 오르자 나무뿌리들이 툭툭 발에 채였다. 땅속에 있어야 할 뿌리들이 울근불근 튀어나와 땅과 바위를 움켜쥐고 있었다. 얼마나 많은 사람들이 다산 초당을 오르내렸으면 이토록 길이 파헤쳐졌을까. 그 나무뿌리들이 다산 선생의 발자국을 기억하고 있을 것만 같았다.

그곳을 지나니 삐쭉빼쭉한 바위너설 길이 이어졌다. 돌계단을 올라 굽이를 도니 다산 초당이 와락 덮치듯 다가왔다.

"쪼르르르 찰찰찰……."

물소리가 먼저 반겨 주었다. 언덕 틈새 물골에서 솟아난 물이 대나무를 잘라 만든 수로를 타고 와서 연못에 떨어졌다. 연못 가운데는 돌을 쌓아 만든 작은 섬이 떠 있고 잉어 두 마리가 유유히 돌아다녔다.

　초당 앞에 선 송보는 다산 선생을 대하는 듯 깊은 감회에 젖었다. 약천 바위샘 뒤로 병풍처럼 세워진 바위에는 정석(丁石)이란 글자가 힘차게 새겨져 있었다. 다산 선생이 직접 새긴 글씨로 '정약용의 바위'라는 뜻이었다. 세월이 흘러 모든 것이 스러진다 하여도 바위의 글자만은 오롯이 남아 선생의 흔적을 증거하는 것만 같았다.

　집은 가운데 초당을 중심으로 좌우에 동암과 서암이 마주보는 모양새였다. 지붕을 덮은 볏짚 이엉이 낡았는데도 맑은 운치와 위엄이 서려 있었다. 초당을 둘러싼 동백나무들은 바람에 초록 잎사귀를 흔들며 햇살에 반짝거렸다. 모든 것에서 다산 선생의 손길이 느껴져 송보는 울컥 눈물이 날 것만 같았다.

　"게 누구요?"

　까랑까랑한 목소리가 감상에 빠진 송보를 깨웠다. 갓 쉰 줄에 들어선 듯한 선비가 서쪽 초가에서 나왔다. 작고 야윈 풍채였으나 기백이 짱짱해 보였다.

　"다산 선생님을 사모하는 후학이 선생님의 자취를 느끼고자 허락도 없이 찾아뵈었습니다."

　관복을 입지 않은 송보를 선비는 알아보지 못했다.

　"아, 반갑구려. 그대는 뉘댁 자제이신가?"

　"저는 한양에서 온 송보라고 합니다. 초면에 실례를 용서하

십시오."

선비가 잠시 생각에 잠기더니 눈을 크게 떴다.

"그럼, 이번에 새로 오신 현감 나리가 아니십니까?"

단번에 선비의 태도가 공손해졌다.

"이러지 마십시오, 어르신. 오늘은 현감이 아니라 다산 선생님의 제자로서 찾아뵌 것입니다."

선비는 '제자?' 하고 고개를 갸우뚱거리다가 자세를 반듯하게 하고 자신을 소개했다.

"저는 대를 이어 귤동에 살고 있는 윤종진입니다."

윤 선비는 다조 바위 앞에서 차를 끓이며 다산 초당의 내력을 설명해 주었다.

귤동 마을은 다산 선생의 외가인 해남 윤씨들의 집성촌이었다. 초당은 윤단이란 선비가 지은 서재였는데 그의 아들 윤규로가 다산 선생을 스승으로 초청하며 선물한 것이다. 정약용 선생은 몹시 기뻐하며 그 후 아호를 다산으로 짓고 유배 시절의 대부분을 이곳에서 보내며 학문을 이루었다고 했다.

"저도 어려서 다산 선생님께 배웠는데 바로 제가 다산 선생님의 열여덟 제자 중 막내랍니다. 선생님께서 몸이 약한 제게 자연처럼 순박하고 바위처럼 강건하라고 순암이란 호를 내려 주셨지요. 지금은 다산 선생님의 가르침을 따르는 무리인 다신계의 수장을 맡아 이 초당을 책임지고 있습니다."

초당에 와서 다산 선생의 직계 제자를 만나니 마치 다산 선생을 직접 만나는 느낌이었다. 봄날 다조에 마주앉아 마시는 차 맛도 깊고 은은했다.

"이미 덖은 지 해를 넘겨 순한 맛은 덜하나 깊은 맛은 일품이랍니다. 다산 선생님께서 돌아가실 때까지 제가 해마다 여기서 차를 만들어 보내드렸지요."

윤 선비의 표정에 스승을 그리워하는 마음이 가득했다.

"선생님께서는 주로 이 동암에서 이천 여 권의 책과 함께 거처하시며 학문을 연구하고 책을 지으셨답니다."

윤 선비가 동쪽으로 난 초가를 가리켰다. 그런데 거기엔 다산동암이란 현판과 더불어 '보정산방(寶丁山房)'이란 현판이 하나 더 붙어 있었다.

"보정산방이라. 정약용 선생님을 높이 모신다는 뜻 같은데 글씨가 아주 힘차고 간결하며 특이하군요."

윤 선비가 씩 웃으며 설명해 주었다.

"글씨 보는 눈이 높으시군요. 저 현판은 추사 선생님의 필체입니다. 추사 선생님 역시 다산 선생님을 공경하여 저 글을 써 주셨답니다."

"아, 추사체!"

송보는 저절로 입이 벌어지며 감탄사가 튀어나왔다. 너무도 놀라고 감동받아 현판을 끌어안고 싶었다. 추사 김정희라면 석

봉 한호 선생 이후 최고의 명필이며 성균관 대사성을 지낸 학자로 존경받는 인물이 아닌가. 명성만 들었지 친필과 흔적을 본 적이 없는데 다산 초당에 와서 보게 될 줄이야.

윤 선비는 송보를 동암 뒤편 산등성이 언덕으로 안내했다.

"이곳은 해맞이 달맞이를 하는 곳입니다. 다산 선생님께서 형님인 손암 선생님이나 고향 생각이 나면 자주 여기 올라 눈시울을 적시곤 하셨지요."

언덕에서 보니 강진만 일대가 한눈에 들어왔다. 눈 아래로 빤히 보이는 남포에서 배를 타면 곧장 가랑이 사이 같은 강진만을 빠져나가 흑산도든 한양이든 갈 수 있을 터였다.

"이곳에 정자 하나 척 세우면 보석 같은 시가 절로 나오겠습니다."

송보의 말에 윤 선비가 가볍게 고개를 끄덕거렸다.

"다산 선생님께서 좀 더 계셨더라면 멋들어진 정자를 세우셨을 겁니다."

언덕 뒤로는 조금 좁은 듯한 산길이 물 흘러가듯 부드러운 곡선을 그리며 고개를 넘고 있었다.

"이 길을 따라가면 백련사가 나옵니다. 그곳의 혜장 선사와 다산 선생님께서 이 길을 통해 오가며 만나 학문과 도를 논하셨지요."

늘 혼자 공부를 해 왔던 송보도 그런 벗이 있으면 싶었다.

"앞으로 자주 찾아뵙고 가르침을 받겠습니다. 순암 선생님께서도 초당에만 계시지 말고 밖으로 나오셔서 도와주시면 고맙겠습니다."

초당으로 돌아온 송보는 하산하고자 인사를 건넸다.

"아유, 저야 초시에도 입격하지 못한 백면서생(한갓 글만 읽고 세상일에 전혀 경험이 없는 사람)인데 무얼 가르치겠습니까. 오시면 차나 대접하지요."

윤 선비는 마지막까지도 겸손한 자세와 예의를 잊지 않고 말했다.

하산 길, 송보가 나무뿌리가 무수히 도드라진 길에 다다랐을 때였다. "잠깐!" 동백나무 숲에서 괴한이 튀어나와 길을 가로막았다. 검은 복면을 쓴 자였다. 복장이나 살벌한 분위기가 살인을 일삼는 검계가 분명했다. 송보는 두근거리는 가슴을 애써 누르며 침을 꿀꺽 삼켰다.

'나는 이곳의 수령이고 여기는 나의 관내다.'

율정에서 방에 숨어들었던 그 괴한인가 싶었다. 그때 해칠 의도는 보이지 않았던 걸 기억해 내자 마음이 가라앉았다. 한데 이번엔 좀 달랐다. 괴한의 손에 장검이 쥐어져 있었다.

"복면을 한 것도 길을 막는 것도 이유가 있을 터, 사연을 말해 보시오."

검은 복면을 쓴 괴한은 대답 대신 칼을 쓱 뽑았다. 송보는 흠칫하여 뒤로 물러나다가 불거져 나온 나무뿌리에 뒤꿈치가 걸려 주저앉았다. 괴한이 칼을 겨누며 다가왔다.

"왜, 왜 이러시오. 이, 이유라도 말해 보시오."

송보가 말을 더듬었다.

"강진에 수령으로 오는 놈은 다 죽일 것이다."

괴한은 목소리도 칼날처럼 싸늘했다.

"왜, 왜?"

다시 들려온 괴한의 대답에 송보는 몸이 얼어붙고 말았다.

"나는 이용심이다. 다른 이유가 더 필요한가?"

괴한이 서서히 칼을 치켜들었다. 등골이 오싹해진 송보는 머릿속이 하얘졌다.

"잘 가거라, 꼬마 현감!"

괴한이 칼을 휘두르려는 찰나 반대편 숲에서 누군가가 뛰어들어 송보 앞을 가로막았다.

"멈춰라!"

이번엔 하얀 복면을 쓴 자였다. 낡은 베잠방이에 얼굴을 가린 복면도 대충 수건으로 눈 아래만 어설프게 가렸다. 손에는 칼이 아닌 나무 작대기가 들려 있었다.

"넌 누구냐? 네놈이 저 꼬마의 저승길에 동무라도 해 주겠다는 것이냐?"

비웃음 섞인 괴한의 말에 하얀 복면을 쓴 자가 작대기를 겨누며 우렁차게 대거리를 했다.

"네놈은 누군데 이 용심을 사칭하느냐. 정체를 밝혀라!"

당황한 괴한이 송보와 하얀 복면을 쓴 자를 번갈아 쳐다보았다.

"그럼 네놈부터 저승으로 보내 주마."

괴한이 칼을 고쳐 잡았다. 조금 전과는 확연히 다른 살기가 뿜어져 나왔다. 그에 주눅 들지 않고 하얀 복면을 쓴 자도 작대기로 맞섰다.

"하얍!"

하얀 복면을 쓴 자는

허술한 차림새와 달리 재빠르고 힘도 만만치 않았다. 힘에서는 오히려 괴한이 밀렸다. 하지만 작대기가 칼을 이기지는 못했다. 몇 합을 겨룬 끝에 작대기가 두 동강 나며 하얀 복면을 쓴 자도 송보 옆에 주저앉고 말았다.

"촌놈이 용기와 힘은 제법이다만 이제 끝이다."

다시 칼을 휘두르는 괴한을 향해 하얀 복면을 쓴 자가 동강 난 작대기를 날렸다. 가슴팍을 맞은 괴한이 두어 발작 물러났다. 하지만 큰 상처를 내진 못하고 괴한의 화만 돋우었다. 그 틈에 하얀 복면을 쓴 자가 일어나 맨주먹으로 대항했다. 다시 칼날이 춤을 추었고 하얀 복면을 쓴 자는 짧은 비명과 함께 다시 주저앉았다. 옆구리를 베이고 말았다. 금세 피가 회색 베잠방이를 적셨다.

"이번엔 목을 날려 주마."

검은 복면을 쓴 괴한이 다시 칼을 치켜들다가 뒤통수를 감싸 쥐며 뒤돌아보았다. 그의 손에 피가 묻어났다. 알밤만 한 짱돌에 맞은 거였다.

"멈춰라 이놈!"

돌팔매질의 명수 강돌이였다. 송보가 늦어지니 기다리다가 마중을 나온 모양이었다. 강돌이는 달려오면서 거푸 짱돌을 날렸다.

괴한은 가볍게 몸을 움직여 짱돌을 피했다. 그 짬에 하얀 복면을 쓴 자가 길가의 나뭇가지를 부러뜨려 다시 대항했다. 송보도 일어나 돌을 움켜쥐었다.

"젠장."

일이 복잡해지자 괴한은 훌쩍 숲으로 뛰어들어 노루처럼 산을 타고 사라졌다.

"고, 고맙소. 심하게 다쳤구려. 어디 봅시다."

송보가 다가가자 하얀 복면을 쓴 자는 잠시 송보를 쳐다보다가 반대편 산기슭으로 달아났다.

송보는 어안이 벙벙해졌다.

"도련님, 백주 대낮에 이게 대체 무슨 일입니까요?"

강돌이가 짱돌을 움켜쥔 채 숨을 헐떡이며 달려왔다.

'대체 누굴까? 피를 많이 흘렸는데 괜찮을까?'

송보는 하얀 복면을 쓴 자가 걱정되었다.

제3장 봉공

업무는 직접 세밀하게 챙겨야 한다

송보는 창고 점검에 나섰다.

호방이 창고 문을 열어젖히고 물건 목록을 설명했다. 해안 지방이라 마른 미역과 멸치를 비롯한 건어물이 많았다.

"이건 지난해 감영으로 올려 보내고 남은 것이라 얼마 되지 않습니다요."

호방이 이것저것 툭툭 치면서 대략 셈을 헤아렸다.

"장부를 이리 주시오."

송보는 장부와 수량을 대조해 보았다.

"멸치와 마른 홍합, 문어 수량이 장부와 맞지 않으니 어찌 된 일이오?"

송보가 채근하자 호방이 뒷머리를 긁적이며 장부를 확인했다. 그러다가 고개를 갸웃거리며 송보에게 물었다.

"사또, 이 장부의 글자들을 알아보시겠습니까?"

장부의 글씨는 언문(한글)도 아니고 예사 한자도 아니었다. 민간에서 주로 아전들이 사용하는 약식 글자와 이두문이 결합되어 마치 암호 같았다. 그걸 송보는 막힘없이 좔좔 읽었다.

"본관이 까막눈인 줄 아오?"

호방의 얼굴이 벌게졌다. 실상 대다수 수령들은 그런 글씨를 알아보지 못했다. 그런 탓에 아전들이 수령을 속이는 건 흔한 일이었다. 그러나 송보는 달랐다. 문자와 언어에 관심이 많은 부친 덕분에 이두문을 착실히 익혀 두었던 것이다.

"장부조차 못 읽고서 어찌 한 고을의 수령 노릇을 하겠소. 왜 물건 목록이 장부와 차이가 있는지 소상히 말해 보시오."

변명해 대는 호방의 표정과 눈빛이 영 미덥지 않았다. 게다가 아전의 차림새치고는 옷감과 신발이 고급스러워 보였다. 사치스런 자 같았다.

"실은 전임 현감 나리께서 퇴임하시면서 인사치레 할 것이 많다면서 이것저것 빼 갔습니다요. 평소에도 나주 목사와 전라 감사 나리께 이것저것 보내셔서 빈 곳이 생긴 것입니다. 또 전임 현감 나리께서 욕심이 많고 잔치하기를 즐기셔서……."

송보가 호방의 말을 잘랐다.

"어허, 어찌 전임 상관을 탐관오리로 만드는가. 그랬다면 당시에 바로 잡았어야지."

송보의 호령에 호방이 웃음으로 실책을 가리며 능구렁이처럼 굴었다.

"예 예, 하여튼 곧 채워 놓겠습니다요."

"어떻게 채워 놓으려고 하는가?"

"그건 제가 알아서 그냥……."

송보가 눈을 부라렸다.

"이미 백성에게 거둔 것을 다시 긁어내겠다는 것인가!"

호방이 우물쭈물하며 다시 뒷머리를 긁었다.

"물건 목록이 지나치게 모자란 것은 전임 현감께 기별하여 배상하도록 하고, 소소한 것은 사실대로 기록을 수정하고 앞으로는 추호도 속일 생각하지 마시오."

송보가 눈을 부릅뜨자 호방은 그저 고개를 숙일 뿐이었다.

"예 예, 사또."

송보가 창고에서 나가자 창고지기가 호방을 보며 혀를 내둘렀다.

"작은 고추가 맵다더니 만만하게 보다가는 국물도 못 건지겠네요."

얼굴이 벌게진 호방이 공연히 창고지기한테 발길질을 날리고는 씩씩거렸다.

"젠장, 이 나이에 저 꼬마한테 당해야 하다니. 내 가만두나 보자."

창고를 벗어난 송보는 짐짓 흥분한 마음을 가라앉혔다. 그리고 심호흡을 한 다음 한양 쪽을 향해 가볍게 절을 올렸다.

"휴, 아버님께 이두문과 아전들의 표기법을 배워 둔 게 이처럼 유용할 줄이야."

그나저나 고을의 재산을 관리하는 호방을 잘 감독해야겠다 싶었다.

오후에 송보는 향교로 나갔다. 향교 뜨락에는 진달래가 한창 피었건만 공부하는 선비는 찾아볼 수 없었다.

"가끔 드나드는 사람은 있지만 공부는 통 이루어지지 않습니다요. 교장도 선생도 없고 딱히 가르칠 사람도 안 나서고 해서……."

예방이 뒷머리를 긁적이며 말했다.

공자의 위패를 모신 대성전에서 향을 피우고 절한 다음 향청으로 갔다. 지역의 터줏대감이며 지도자인 좌수와 별감들을 만나기 위해서였다.

강진현의 좌수 고약명은 이름처럼 고약한 데가 있었다. 나주 목사와 먼 친척인 고 좌수는 전라 감사와도 친분이 있다는데 사실인지는 확인할 수는 없었다. 하여튼 고광택이 나주 목사로 부임하고부터 완전히 자기 세상인 듯이 설레발을 치고 다녔다고 이방이 전했다. 그런 고 좌수에게 휘둘린 전임 현감들은 아무것도 못하고 그저 백성을 쥐어짜 뇌물이나 바치다가 해임되곤 하였다.

"어이구, 당대 천재라는 현감 나리시군요. 어서 오십시오."

고 좌수가 앉은 채 송보를 맞이했다. 송보는 말없이 고 좌수를 빤히 노려보았다. 별감들이 일어서서 좌우로 늘어서며 눈짓하자 그때서야 고 좌수는 못 이긴 듯이 일어섰다. 하지만 담뱃대를 여전히 손에 쥔 채였다.

송보는 향청 댓돌 아래서 한마디 던졌다.

"저는 고을의 어른들께 인사를 여쭙고자 왔으나 인사를 받을 준비가 안 되셨군요."

그때서야 고 좌수가 담뱃대를 내려놓고 댓돌까지 느릿느릿 나와서 맞이했다.

방으로 들어간 송보는 윗자리로 가서 앉았다.

"현재 강진의 가장 시급한 문제가 무엇입니까?"

송보의 물음에 고 좌수가 거만스럽게 대답했다.

"뭐 별 문제는 없소이다. 내가 전라 감사의 일가니 문제가 있어도 단번에 해결할 것이오. 현감은 염려 따위 저 강진 앞바다 까막섬에 갖다 버리세요."

송보는 고개를 끄덕여 주고는 오래 지체하지 않고 향청에서 나왔다.

"문제가 없기는, 자기가 젤 문제인데 젠장."

향청을 벗어나자 이방이 고 좌수를 두고 투덜거렸다.

"그렇게 평판이 안 좋소이까?"

송보의 물음에 이방이 대답했다.

"고약한 고 좌수만 없으면 강진은 태평성대일 거라고들 합지요. 하지만 재산도 있고 벼슬아치 끈도 있어서 십 년째 좌수 노릇을 하며 강진을 제집인 양 주무른답니다."

"향관의 임기는 이 년 아니오?"

"그렇긴 하지만 대체할 만한 인물도 없고 감히 건들기도 무서워 쭉 재임하는 걸 지켜보기만 하는 형편이랍니다."

"강진은 해남 윤씨 일가가 두루 존경받는 집안이라고 알고 있소만……."

송보가 굴동의 윤 선비를 떠올리며 말했다. 이방은 고개를 절레절레 흔들었다.

"아, 그 윤씨 양반들은 차와 시와 학문에나 관심 있지 이런 일에는 나서지 않습니다. 다신계 선비들은 연세도 많고……."

송보는 심장에 바윗돌을 매단 듯 무거워졌다. 어찌 고약명 같은 자와 고을 일을 손발 맞춰 해 나간단 말인가. 우선 좌수를 내 사람으로 만들어야 고을 일이 무난하리라는 『목민심서』의 가르침을 실현하기에는 가망이 전혀 없어 보였다. 믿을 만한 현지 사람을 찾아야 했다.

송보는 말을 타고 남쪽으로 달렸다.
"현감 나리 오셨습니까?"
가우도 앞 나루터에 도착하자 마두진 수문장 오 군관이 기다리고 있었다. 그는 현재 강진에서 송보가 가장 믿을 만한 사람이었다. 그에게 이용심에 대해 묻자 자신보다 더 잘 아는 사람을 소개해 주겠다고 했다.
"가우도의 백 선비라면 현감 나리께 큰 도움이 될 겁니다."
백 선비는 숨은 처사(벼슬을 하지 않고 초야에 묻혀 살던 선비)지만 학문이나 인품은 강진에서 으뜸일 거라고 했다. 게다가 무술 실력 또한 대단해서 자신도 당하지 못한다는 오 군관의 말에 크게 호기심이 당겼다.
"그 형님이 그저 무식하고 힘만 센 제게 사람의 도리를 가르쳐 주셨지요. 스승으로 모시려 했으나 굳이 사양하셔서 의형제를 맺고 형님으로 모시고 있습니다."
배가 가우도로 가는 동안 오 군관이 백 선비에 대해 알려 주었다. 미끄러지듯이 선착장을 벗어난 배는 잔잔한 강진만 바다를 헤치며 나아갔다.
"가우도에는 몇 가구나 살고 있나?"
송보의 물음에 오 군관이 무뚝뚝하지만 상세히 설명했다.

"스무 가구 정도입니다. 논은 없고 밭뙈기도 얼마 안 되지만 고기잡이를 해 가며 어렵지 않게 삽니다. 특히 인심이 좋아서 모두가 한집안같이 삽니다. 예전엔 동네서 쫓겨나거나 빌어먹던 사람들이 많아 인심이 사나웠는데 형님께서 한 식구처럼 만들었지요."

소의 멍에처럼 생긴 가우도가 점점 다가왔다. 해안가에 즐비한 곰솔과 후박나무들은 방풍림(바람을 막기 위해 심어 놓은 나무)으로 심어 놓은 듯했다. 섬 둘레로 고운 모래가 깔려 있고 그 아래로 갯벌이 둘러싸고 있었다.

백 선비의 집은 마을에서 좀 떨어진 외딴 곳에 있었다. 마을을 지나 언덕 위에 작은 초막과 정자가 서 있고 아이들 기합 소리가 우렁찼다. 목검을 든 열 살 안팎의 아이 예닐곱 명이 일사분란하게 검술을 익히고 있었다. 정자 마루에는 중년의 사내가 책을 보고 있었다.

"와! 오 군관님이다!"

아이들이 전쟁놀이 하듯 오 군관에게 군례를 바쳤다. 오 군관의 얼굴에 미소가 그려졌다.

"형님, 저 왔습니다."

오 군관에 가려 있던 송보가 쓱 앞으로 나섰다. 송보의 관복을 본 백 선비가 날렵한 동작으로 나막신을 꿰차고 정자 아래로 내려왔다.

"젊고 기백 있는 신임 현감이 오셨다는 말은 오 군관으로부터 들었지만 이렇게 누추한 곳을 찾아 주실 줄은 몰랐습니다. 백면서생 백운산입니다."

아담한 풍채에 마흔 안팎으로 보이는 선비였다. 눈빛은 맑고 낮은 음성에도 무거운 기운이 느껴졌다.

"불민(어리석고 둔하여 재빠르지 못함)한 사람이 큰 직책을 맡아 도우심을 받고자 왔습니다. 송보라고 합니다."

인사를 나눈 백 선비는 송보를 정자로 안내한 후에 오 군관을 짐짓 나무랐다.

"관내의 큰 어른이 오시는데 미리 연통이라도 해 줬어야지, 이 사람아."

오 군관이 웃음으로 때우며 핑계를 댔다.

"하하하, 형님도 좋아하실 듯하여 그냥 모셨습니다. 이용심에 대해 처음부터 다시 조사하신다니 좀 도와주십시오."

백 선비가 송보를 빤히 보더니 지그시 눈을 감았다. 복잡한 속내를 정리하는 듯했다. 역시 쉽지 않은 일임을 송보는 짐작했다. 송보가 먼저 마음을 열어야 될 듯했다.

"그저 상관 명에 의해 죄인을 잡으려는 건 아닙니다."

백 선비가 눈을 떴다.

"압니다. 사또께서는 순수하고 진실하신 분입니다. 죄인을

잡기에 앞서 진실을 밝히고, 벌을 주기에 앞서 법의 정의를 세우고 싶으신 게지요."

얼굴을 본 것만으로도 속내를 정확하게 짚어 내는 백 선비의 혜안에 송보는 깜짝 놀랐다. 오 군관의 말대로 실력과 인품에 신뢰가 갔다. 송보는 자신이 다산 선생을 스승으로 받들고 있으며, 임지로 오는 동안 겪었던 일과 다산 초당 길에서 당한 일을 털어놓았다.

유심히 듣고 난 백 선비가 눈을 빛내며 의견을 내놓았다.

"검은 복면을 쓴 괴한은 검계는 분명하나 사또의 목숨을 노린 건 아닌 듯합니다."

오 군관이 말을 받았다.

"죽일 듯이 칼을 휘둘렀다는데도요?"

백 선비의 설명이 이어졌다.

"검계는 누군가의 사주를 받아 움직이는데 사람의 목숨을 거둘 때 자신의 정체를 밝히거나 살해 동기 같은 건 알려 주지 않습니다. 만덕산의 일은 다른 목적이 있는 듯합니다."

"목적이라면?"

"이용심을 잡는 것이지요. 그 일로 사또께서 이용심이 흉악범임을 확신하고 적극적으로 잡도록 만들려는 속셈으로 보입니다. 과연 누가 사주한 것일까요?"

나주 목사의 얼굴이 퍼뜩 떠올랐다. 욕심 많고 간교하며 포악하기까지 한 고광택이라면 충분히 그럴 법했다. 하지만 송보는 직속 상관의 이름을 확실한 증거도 없이 입에 올릴 수는 없었다.

송보가 말했다.

"그럼 하얀 복면을 쓴 자가 이용심이겠군요."

"거의 그렇지요. 그가 목숨을 걸고 사또를 지키려고 한 뜻이 무엇이겠습니까?"

이제야 사태가 정리되고 답이 뚜렷해졌다.

"자신의 억울한 점을 밝혀 달라는 청이로군요."

오 군관도 묵묵히 고개를 끄덕였다. 백 선비는 송보를 지그시 바라보다가 무겁게 입을 열었다.

"하실 수 있겠습니까?"

"목민관으로서 마땅히 해야 되지 않겠습니까?"

백 선비의 다음 말은 송보를 당혹시켰다.

"나주 목사와 전라 감사를 이길 수 있겠습니까?"

이 말은 곧 그들이 사건을 조작했다는 뜻이었다. 송보는 선뜻 자신이 서지 않았다. 하지만 최종 판단의 기준은 백성이었다. 억울한 백성이 있어서는 안 된다는 게 『목민심서』의 가르침이었다.

"개국 초에 재상 허조가 지방 수령으로 있을 때 이런 말을 했지요. 비법단사황천강벌(非法斷事皇天降罰; 법이 아닌 것으로 일을 처리하면 하늘의 벌을 받게 될 것이다)!"

송보의 단호한 말에 백 선비가 바다 건너 먼 산을 바라보며 입을 열었다.

"그럼 사또께서 꼭 뵈어야 할 분이 있습니다. 이용심에 대해 저보다도 더 잘 아는 분이 바다 건너 산에 계십니다. 거기로 모시겠습니다."

송보와 오 군관은 백 선비를 따라 배를 타고 곧장 마량으로 갔다. 거기서 천태산 정수사로 들어가는 길에 백적산이란 작은 산이 나왔다. 그 골짜기에 맑고 아담한 초가 세 채가 싸리나무 울타리 안에 다정하게 어울려 있었다.

"저기는 살림집인데 선생님께서는 지금 다른 곳에 계실 것입니다."

살림집 오른편으로 돌아가니 더 깊은 골짜기로 이어지는 조붓한 오솔길이 나왔다. 그 길 끝에 외딴 초가가 숨어 있던 것처럼 나타났다.

"이제 산방 공사가 다 되어 가는군요. 선생님의 마지막 소원이 서재를 짓고 거기서 학문과 시에 묻혀 사는 것입니다. 가족도 제자도 그 일을 돕지 못하지요. 소원을 성취하는 즐거움을 아무에게도 뺏기지 않겠다고 하시니."

오솔길을 걸으며 백 선비가 설명했다.

사립문 앞에 손님이 도착했는데도 주인은 마당 동편 큰 바위 앞에서 땅을 파느라 눈치채지 못했다.

"사부님!"

백 선비가 소리쳐 부르자 노인은 삽질을 멈추고 허리를 폈다. 눈을 마주치자 백 선비는 땅에 엎드려 넙죽 절했다. 칠순에 가까워 보이는 노인네가 사립문을 향해 걸어왔다.

송보는 가슴이 뛰었다. 강진에는 '시에는 황상, 학문에는 학래.'라는 말이 있다고 했다. 다산 선생의 여러 제자들 가운데 기린의 뿔처럼 우뚝한 두 사람이 바로 황상과 학래로 불리는 이청이다. 이청은 벼슬을 하고자 한양으로 갔고, 황상은 다산 선생이 유배가 풀려 마재로 돌아가자 이곳 백적산으로 들어왔다고 했다.

"어찌 기별도 없이 귀한 손님을 모시고 왔는가?"

노인이 송보의 관복을 훑어보고는 의아한 표정을 지었다.

"오 군관이 설레발을 쳐서 저도 그럴 수밖에 없었습니다. 신임 현감을 모시고 왔사옵니다."

송보가 허리를 숙이기도 전에 노인이 먼저 예를 갖추었다.

"백적산 촌로 황상이 귀한 분을 뵙습니다."

송보는 더 깊숙하게 허리를 숙였다.

"다산 선생님을 마음으로나마 스승으로 모신 송보입니다. 오늘 선생님을 뵈니 마치 다산 선생님을 뵙는 듯합니다."

외딴 초가에는 '일속산방(一粟山房)'이란 현판이 붙어 있었다. '한 알의 좁쌀만 한 집'이라는 뜻이니 황상 선생의 겸손함을 알 만했다.

"연못을 다 파고 골짜기에서 물만 끌어오면 공사가 끝나겠군요. 그러면 집들이를 꼭 하셔야 합니다."

오 군관의 말에 황상 선생이 고개를 끄덕였다.

"허허, 그러지. 가을걷이가 끝나면 날을 잡아 보겠네."

마당 평상에 앉은 네 사람은 차를 마시며 이야기를 나누었다. 송보가 무엇을 물어도 황상은 다정하게 상세히 답해 주었다. 금세 마음이 통하고 의견은 일치되었다.

"허허, 손뼉이 마주치듯 하니 역시 한 스승에게서 난 동문이 맞군요."

황상 선생이 아이처럼 환하게 웃었다.

인사치레가 끝나자 백 선비가 조심스럽게 이용심에 관한 이야기를 꺼냈다. 환하던 황상 선생의 표정이 어두워지더니 금세 눈시울이 붉어졌다.

"혹 지인들한테 피해가 갈까 봐 고향 근처엔 발길도 하지 않는데 녀석이 밥이나 제대로 먹고 다니는지 모르겠구려."

이용심은 황상 선생의 막내아들과 친구였다. 농번기 때면 자기네 일보다 먼저 황상 선생의 논일, 밭일을 거들어 주었다. 그런 인연 때문에 사건 초기에 황상 선생의 막내아들도 관아로 잡혀가 곤죽이 되도록 태장을 맞았다고 했다.

"그렇게 어진 사람이 어떻게 흉악범이 되었는지 이해가 되지 않습니다."

송보가 고개를 갸웃거리자 황상 선생이 물었다.

"흉악범이라……? 그 아이의 죄가 몇 가지나 되던가요?"

"수사 기록상으로는 크게 세 가지였습니다. 세금 징수를 거부한 죄, 무리를 선동하여 관아에 난입해 현감에게 상해를 입히고 욕보인 죄, 관아의 창고를 털어 재물을 훔친 죄."

"첫 번째는 맞고, 두 번째는 과장되었고, 세 번째는 틀립니다. 그리고 무엇보다도 첫 번째 죄목의 사유가 밝혀져야 이 사건은 풀 수 있습니다."

송보가 즉시 응대했다.

"저도 그 사유가 궁금합니다. 사건 기록에도 없고 형방이나 군관도 말하기를 몹시 꺼리더군요."

"그들은 이미 전임 현감의 지시로 사건 조작에 가담했으니 자기 입으로 말하기란 쉽지 않겠지요."

사건의 발단은 전임 현감 고광택의 학정에 있었다. 그해 흉년이 들었는데도 고광택은 세금을 갑절로 올려 백성을 쥐어짰다. 그런 가운데 마량의 한 집을 세금으로 거덜 내는 일이 벌어졌다.

"삼정 가운데 군정이 가장 가혹했지요. 이미 죽은 자에게 군포를 걷는 것을 백골징포라 하고, 아직 포대기에 싸인 갓난아

이한테도 군포를 걷는 것을 황구첨정이라 합니다. 그런 일을 마량의 어느 한 집에서 다 벌였는데 그 집에서 차마 감당할 수가 없었지요. 군포를 못 내니까 관에서 그 집의 소를 끌고 가 버렸습니다. 이에 분노하고 좌절한 그 집 가장이 아이 낳은 것을 한탄하여 자신의 양경(성기)을 낫으로 잘라 버렸어요. 그 집 아낙이 그것을 보자기에 싸서 관아로 가서는 소를 돌려줄 것을 호소했지요. 하지만 돌아온 대답은 가혹한 매질이었습니다. 이용심은 그의 이웃 사람이었는데 이 소식을 듣고 가만있을 수 없어 떨치고 일어난 것입니다."

송보는 수령된 자로서 미안함과 한탄스러움을 금할 길이 없었다. 비록 과거라 하여도 자신의 관내에서 그런 일이 벌어진 것에 대해 애달프고 화가 치밀었다.

황상 선생은 담담하게 이야기를 이어 갔다.

"이용심이 사람들을 끌고 관아로 가서 항의했지요. 나졸들이 막기에 밀치고 들어가서 현감을 보자고 한 것뿐이에요. 현감은 '저놈 잡아라!'고 날뛰다가 헛발을 디며 난간에서 떨어졌습니다. 팔이 부러지고 얼굴에 상처를 입었는데 그것을 이용심이 폭행한 것으로 덮어씌운 겁니다."

송보는 여전히 말이 없었고 오 군관이 대신 물었다.

"관의 재물을 훔친 건 어떻게 된 일입니까?"

황상 선생이 대답했다.

"이용심은 남의 물건이 길에 떨어져 있어도 손대지 않아요. 당시 현감이 관의 재물을 대량으로 빼돌리고는 이용심의 소행으로 둔갑시켰을 걸로 봅니다. 그 죄를 감추고자 이용심을 잡아 덮어씌워 죽이려는 것이지요."

송보는 황상 선생에게 들은 말을 낱낱이 기록했다.

제4장 애민

힘없고 어려운 백성을 먼저 보살펴라

"요 못된 놈들, 오늘 곤장 맛이 어떤 건지 보여주마."

강돌이가 씩씩대며 아이 둘을 새끼줄로 묶어서 관가로 끌고 왔다. 비썩 마른 두 아이는 옷과 얼굴에 온통 개흙이 묻어 꾀죄죄하기 짝이 없었다. 그 모습을 본 송보가 물었다.

"웬 아이들이냐?"

"요 조그만 녀석들이 손버릇이 나빠서 단단히 고쳐 주려고 잡아 왔습니다요."

아이들은 잔뜩 겁에 질린 채 송보의 눈치를 보았다. 눈물이 그렁그렁한 눈동자에는 무언지 모를 원망과 억울함이 담겨 있었다.

"그 아이들이 무얼 잘못했느냐?"

"소인이 새벽에 나가 갯벌을 뒤져 낙지와 문어를 잡았는데요 녀석들이 낚아채 달아나지 뭡니까. 뜀박질이 어찌나 빠른지 잡느라고 아주 애먹었습니다요."

강돌이는 아이들에게 잔뜩 겁을 주었다.

"바늘 도둑이 소도둑 된다는데 나중에 큰일 치기 전에 단단히 버릇을 고쳐 주십시오."

송보가 아이들을 쳐다보자 아이들은 겁에 질려 모두 움츠러들었다.

"남의 것을 훔치는 건 벌을 받아 마땅하다. 하지만 무슨 사연이 있을 것 같구나. 왜 남이 공들여 잡은 고기를 훔쳤느냐?"

큰 아이는 울먹거리며 말을 못하고 작은 아이가 대답했다.

"하, 할머니가 아파서…… 그런데 낙지 먹으면 일어난다고 해서……."

두 아이는 아홉 살, 일곱 살 난 형제였다. 할아버지와 아버지는 고깃배를 타고 나갔다가 안 돌아오고 어머니는 물질을 하다 죽고 말았다. 고아가 된 아이들을 환갑이 지난 할머니가 돌보고 있었는데 할머니마저 앓아누워 며칠째 물만 먹는다는 것이었다.

"할머니 걱정이 지극하니 효자구나."

송보가 강돌이에게 명했다.

"데려가서 좀 씻기고 누룽지라도 얻어 먹여라. 그리고 다른 명이 있을 때까지 네 방에 데리고 있거라."

강돌이가 고개를 갸웃거렸다.

"아니, 방이라뇨. 옥사로 가야지요. 도적놈들인데……."

"함부로 말하지 마라. 아이들이 남의 것을 훔칠 때까지 그 사정을 돌보지 못한 현감의 잘못이 크다. 어서 시키는 대로 하렷다!"

송보가 눈을 부라리자 강돌이는 어기적거리며 아이들을 데려갔다.

송보는 집무실로 아전들을 집합시키고 물었다.

"지금 관내에 사궁이 얼마나 되오?"

아전들이 서로 얼굴을 보며 어리둥절하였다.

"사궁이라니요? 활 쏘는 궁수 말인가요?"

병방이 머리를 긁적이며 말했다.

"그대들은 현의 살림을 맡은 자로서 어찌 사궁도 모른단 말이오?"

아전들이 여전히 고개를 갸웃거리자 송보가 설명했다.

"사궁이란 네 가지 어려운 처지에 놓인 사람이오. 첫째는 열 살 미만의 고아, 둘째는 환갑이 지난 노인인데 자식이 없는 경우, 셋째는 과부, 넷째는 홀아비를 일컫는데 돌봐 줄 친척도 가진 재산도 없는 경우라오. 이들은 누군가의 도움을 받아야 살아갈 수 있으니 반드시 관에서 살펴 주어야 할 의무가 있소."

그때서야 말귀를 알아들은 아전들이 어느 동네 누구, 또 어느 마을 누구 하며 이름을 들먹였다. 바다를 낀 곳이라 바다에서 부모를 잃은 고아들이 특히 많았다.

"사궁과 더불어 서른이 넘도록 혼인하지 못한 자, 다치거나 아파서 움직이지 못하는 자, 큰 재난을 당해서 살아갈 희망이 끊어진 자들을 소상하게 파악해서 보고하시오."

송보의 명을 아전들이 '예이' 하고 받들었다.

"둥둥둥 두두두두 둥둥둥!"

이방, 호방과 더불어 공납에 대해 의논하는 중에 다급한 북소리가 울리다가 별안간 뚝 끊어졌다. 현청 문 앞에 매달아 놓은 북이었다.

"누군지 얼른 데려와 보시오."

잠시 후 송보 또래의 아이가 나졸의 등에 업혀 들어왔다. 먼 길을 내쳐 달려와 현청 문 앞에 매달린 북을 치고는 쓰러졌다고 했다.

형방이 아이를 깨워서 물을 먹이고 정신을 차리도록 했다. 사정을 들어 보니 지역 특산품에 대한 세금인 공납 때문에 벌어진 일이었다.

"공납을 두세 배로 물린 데다 공납 기일을 못 맞추었다고 아이 부모를 고 좌수가 자기네 논밭으로 데려가서 일을 시키고 있답니다."

송보는 경황이 없어 공납 물량을 제대로 확인하지 못한 걸 자책했다.

"호방은 즉시 고 좌수에게 일러 공납 거두기를 멈추라 하시오. 공납 물량을 다시 확인하고 책정할 것이오."

송보가 호방을 불러 명했다.

얼마 뒤 고 좌수가 붉으락푸르락하는 표정으로 현청에 들이닥쳤다.

"아니 현감, 이제 기한이 곧 낼 모레인데 여기서 공납 거두는 걸 정지시키면 대체 어쩌자는 거요? 이거 나랏일을 몰라도 한참 모르는구먼."

고 좌수는 숫제 반말을 지껄이며 큰소리였다.

"어찌하여 백성들에게 공납을 서너 배나 되게 받으셨소? 그리고 공납을 못 냈다고 사유지에 부역을 시키는 것은 올바른 처사가 아닙니다."

"아 그거야 그놈들이 공납 기일을 자꾸 어기니까 이자를 물어 그런 것이지요. 그리고 그게 어디 내 배 속으로 간답니까. 절반은 나라 창고로 가고 절반은 나주 목사와 전라 감사께 가는 건데 그걸 막을 참이오?"

고 좌수가 나주 목사와 전라 감사를 내세워 유세를 떨었다. 그에 겁먹을 송보가 아니었다.

"공납에 이자를 붙이는 법은 없소. 그리고 나주 목사와 전라 감사에게 왜 공납을 보낸단 말이오. 모든 걸 본관이 다시 배정할 것이니 좌수는 그 일에서 손을 떼시오!"

고 좌수가 펄펄 뛰었다.

"아니, 이 손자뻘밖에 안 되는 꼬맹이가 감히 내게……."

송보의 추상같은 명이 떨어졌다.

"무어, 꼬맹이! 여봐라, 수령을 모욕한 저자를 당장 형틀에 묶어라!"

송보는 화가 치밀었다. 이런 자들이 못된 수령과 한통속이 되어 백성을 가혹하게 수탈한다는 생각이 들었다.

형방이 곧장 포졸을 시켜 고 좌수를 잡아 묶었다. 곧 물이

가득한 물동이와 곤장이 따라 나왔다. 형리가 곤장을 물에 적시며 당장이라도 후려칠 기세였다.

기세등등하던 고 좌수가 찔끔했다. 하지만 체면을 지키느라 지지 않고 고래고래 고함을 질렀다.

"아니, 이거 정말! 내가 누군 줄 알고……. 여봐라 돌쇠야, 당장 나주 관아와 전주 감영으로 연통을 넣어라!"

송보는 모두가 듣게끔 큰소리로 이야기 하나를 들려주었다.

"옛적 인조 임금께서 수원의 약과가 맛있다는 말을 듣고 수원 부사 조계원에게 약과를 올리라고 환관을 통해 명했소. 그때 수원 부사가 어찌 했는지 아시오?"

아무도 대답하는 이가 없었다. 송보는 고 좌수를 노려보며 소리쳤다.

"내가 임금과 인척이지만 사사로이 공물을 바치는 건 임금의 성덕을 가리는 일이니 할 수 없소!"

송보가 좌중을 쭉 한번 둘러본 다음 말했다.

"수원 부사가 임금께도 이렇게 하였거늘 나주 목사와 전라 감사가 임금보다 높단 말이오!"

송보의 질책에 고 좌수는 대꾸도 못하면서 여전히 씩씩거렸다. 이쯤에서 송보는 고 좌수에게 빠져나갈 길을 열어 주었다.

"고 좌수의 행위는 괘씸하나 그 동안 노고와 나이를 생각해서 곤장은 물리겠소. 하지만 오늘부로 좌수직을 정지하니 그리

아시오."

향관인 좌수와 별감의 임명권은 수령에게 있으니 이참에 권한을 뺏은 거였다. 더불어 송보는 아전들을 향해 엄중하게 일렀다.

"앞으로 일체 사사로운 부역을 금한다. 저수지를 파거나 제방을 쌓는 공역을 할 때는 마땅히 공평한 부역을 집행할 것이다. 병든 자와 일흔 살이 넘은 노인은 부역에서 빼 주고 온 고을이 인정하는 가난한 자들도 부역을 면제하라!"

아전들이 서로 쳐다보며 고개를 끄덕였고 담 너머에서 지켜보던 백성들이 손뼉을 쳐 댔다.

송보가 잠시 쉬고 있을 때 배 군관이 들어왔다.
"급히 보고 드릴 것이 있습니다."
"무슨 일이오?"
"놈이 나타났습니다."
"놈이라니오?"
"이용심의 꼬리가 잡혔습니다."

배 군관은 자신의 정보통 덕이라며 으스댔다. 정보통이란 곧 약재상이었다. 상처가 곪는 것을 방지하는 약재를 사 간 사람이 있다고 해서 추적했더니 만덕산 백련사의 중이었다. 그 중을 닦달하여 약재를 사용한 이가 이용심이라는 사실을 알아

냈다는 것이었다.

송보는 배 군관이 공명심에 공연히 엉뚱한 사람을 잡는 게 아닌가 싶었다.

"그 중은 어디 있소?"

"중죄인을 도와준 죄를 물어 감옥에 처넣었습니다."

"속히 데려오시오."

현청으로 온 중은 젊은 상좌였다. 배 군관에게 쥐어박혔는지 여기저기 멍이 들어 있었다.

"그대는 이용심의 얼굴을 알고 있었는가?"

"모릅니다. 피를 흘리고 쓰러져 있기에 절간으로 업고 가 치료해 주었을 뿐입니다. 군관님이 용모파기(어떤 사람을 잡기 위해 그 사람의 용모와 특징을 기록한 것)를 보여 주어서야 이용심인 걸 알았습니다. 그런데 군관님이 저더러 숨긴 곳을 대라며 마구 때리고 감옥에 가두었습니다."

송보는 다산 초당 길에서 자신을 구해 준 하얀 복면을 쓴 자를 떠올렸다. 백 선비의 짐작대로 그자가 이용심이라는 게 확인된 셈이었다. 그렇다면 검은 복면을 쓴 괴한은 송보가 이용심을 잡도록 채근하기 위한 협박이 분명해졌다. 그런 짓을 시킬 사람은 역시 나주 목사밖에 없었다.

"중을 백련사로 돌려보내시오."

배 군관이 자신의 물건을 뺏기지 않으려는 아이마냥 인상을 찌푸렸다.

"뭐 하는 게요. 그는 어려운 사람을 도와준 선량한 중일 뿐이니 속히 석방하시오."

배 군관이 불만이 가득한 얼굴로 중을 쏘아보았다.

"다시는 이용심을 도와주어서는 안 되고 보는 즉시 알려야 한다. 알겠느냐?"

"예 예, 사또."

젊은 중은 송보에게 거듭 절하고는 도망치듯 현청에서 빠져나갔다.

제5장 이전

상벌을 분명하게 하고 원칙을 세우라

　업무를 파악하고 보니 강진현의 아전들도 제각각이었다. 호방은 고 좌수와 뜻이 맞아 토색질(돈이나 물건 따위를 억지로 달라고 하는 짓)에 능했고, 병방은 업무 때문에 절도사를 특별히 섬겼다. 이방은 너무 고지식해서 융통성이 없고 섬세하질 못했다. 공방은 눈치가 빨라 유리한 쪽에 붙기를 잘하고, 예방은 자기 자랑과 아첨하기를 좋아했다. 형방은 시키는 일은 척척 수행하지만 분별력이 없어 신중하게 명을 내려야 했다. 이들을 잘 다스려야 고을의 일이 잘 돌아갈 것인데 마음을 얻고 하나로 묶는 일은 송보에게 어렵기만 하였다.
　송보는 황상 선생에게 조언을 구하고자 백적산으로 갔다.

일속산방은 연못 공사가 끝나 물까지 채웠으나 물고기나 수초는 아직 없었다. 가운데 작은 돌섬이 있는데 다산 초당의 연못인 연지석가산과 꼭 닮아 보였다. 이것도 스승에 대한 그리움이리라.

　"아전들이 좀체 다스려지지 않으니 어찌 하면 좋습니까?"

　송보의 물음에 황상 선생은 무겁게 입을 열었다.

　"예로부터 아전들은 엄한 형벌로 다스렸는데 그것은 아전들을 더욱 간교하게 만듭니다. 먼저 스스로 청렴함을 보여 권위를 세운 다음 형벌보다는 타이르고 감싸 주어 따르게 하는 게 좋습니다. 아전들이 비록 오랜 관행으로 간악해져 있다 해도 말귀는 아주 잘 알아듣거든요."

　"제가 어리다 보니 저의 말을 잘 듣지 않습니다."

　"사실 강진 아전들은 태생이 황소고집들이라 다루기 어려울 것입니다. 하지만 연지라고도 하는 코뚜레연못을 이용하면 효과가 있을 듯합니다."

　예로부터 강진은 터가 드세서 아전들이 말을 듣지 않기로 유명했다. 아전들의 수작과 횡포를 못 이겨 수령들이 자리를 사양할 정도였다. 그 이유가 강진의 지형이 황소가 드러누운 꼴 때문이라는 말이 무성했다. 현의 읍내 중심인 우두봉(소머리산)이 문제였다.

　이를 알아챈 이는 효종 때의 현감 신유였다. 신유는 읍성의 동문과 남문 사이 황소의 코에 해당하는 곳에 코뚜레 형태로 연못을 파고 그 둘레로 버드나무를 심었다. 그 후로 아전들의 고집과 횡포가 다소 완화되었다는 전설 같은 이야기가 전해 왔다. 아전 집안 출신인 황상 선생은 그것을 잘 알고 있었다.

그 이야기를 듣고 난 송보는 좋은 생각이 떠올랐다.

며칠 후 송보는 아전들을 코뚜레 연못으로 모이도록 했다.

연못가에 커다란 수양버들 그늘 아래 평상이 있어 아전들이 둘러앉았다. 가마를 타고 온 송보는 그 앞에 집무용 의자를 놓고 앉았다.

"여기에 수양버들을 많이 심은 이유를 알고 있겠지요?"

아전들은 '네네' 하면서도 구태여 말하지 않았다. 수양버들은 유연성이 좋아 황소의 코뚜레를 만들기에 적당한 나무였다. 그것을 많이 심었다는 건 곧 드센 아전들을 길들이겠다는 뜻임을 눈치 빠른 아전들이 모를 리 없었다.

송보는 목민심서에 담긴 이야기 한 편을 꺼냈다.

"중종 때 판중추부사를 지낸 최숙생이란 분이 있었다오. 그가 충청도 관찰사가 되자 조정의 여러 관리들이 이구동성으로 말했소. '청양현의 현감 이세정 선생은 학문이 깊고 지조가 맑으니 잘 부탁드리오.' 했답니다. 대개 그들은 이세정과 동문이거나 제자들이었지요. 최숙생은 '알았다' 하고는 이세정에게 가장 낮은 점수를 주어 현감에서 탈락시켜 버렸다오. 왜 그랬을까요?"

아전들이 서로 눈치를 보는 중에 공방이 대답했다.

"청탁한 자들에게 본때를 보여주려고 그런 거 아닙니까요?"

송보가 고개를 가로젓자 예방이 말했다.

"관찰사가 현감의 덕망을 시샘했을 수도 있지요."

병방이 말했다.

"사실 알고 보니 듣던 바와 영 달라서 탈락시킨 게지요."

송보는 다시 천천히 고개를 가로저었다.

"아니오. 정말로 이세정은 학문도 높고 청렴했소. 그러나 그는 수령이 꼭 갖추어야 할 한 가지를 갖지 못했던 것이오. 그게 뭐겠소?"

아전들은 다시 골똘히 생각하며 눈알을 굴렸다.

"백성을 품는 너그러운 마음이 없었던 게지요."

"윗사람을 섬길 줄 모르고 자신만 청렴하다 여기며 뻣뻣하게 군 게지요."

이방과 예방이 말했다. 송보는 잇달아 고개를 가로저었다.

"이세정 선생은 지조 있는 선비였으나 행정 능력이 턱없이 부족했소. 그래서 최숙생이 탈락시켰던 것이오. 그건 왜인지 아시겠소?"

이방이 대답했다.

"행정 능력이 없으면 모든 일을 아전들이 해 줄 텐데, 그러자면 아전들이 모두 자기에게 유리하게 하지 않겠습니까?"

송보가 고개를 끄덕이고는 말했다.

"딱 맞췄소. 그 내막을 알게 된 이세정의 문하생들이 볼멘소리를 하는 겁니다. '간악한 수령이 여기저기 많은데 하필 우리 선생을 탈락시키다니 말이 됩니까?' 하고 따지자 최숙생이 뭐라고 한지 아시오?"

대답하는 아전이 없었다. 송보는 한번 숨을 고른 다음 아전들과 얼굴을 마주치면서 말했다.

"다른 고을의 수령이 비록 이세정보다 교활하고 악하다 해도 그것은 그 한 사람일 뿐입니다. 한데 청양 현감은 홀로 청렴하나 그 아래 여섯 도적이 설치니 백성이 도무지 견딜 수 없어 교체한 것이오, 하고 대답했다오."

여섯 도적이 곧 육방 아전임을 모를 리 없는 아전들이 바짝 긴장했다. 자신들을 도적 취급하는 듯해 못마땅한 표정을 짓는 자도 있었다. 그러자 아첨하기 좋아하는 예방이 분위기를 누그러뜨리고자 나섰다.

"우리 사또께서는 비록 연치(나이의 높임말) 적으시나 이두문과 아전들의 암호도 빤히 알 정도로 행정 능력이 뛰어나지 않습니까. 또한 백성에게는 너그럽고 청렴하시니 우리가 도적이 될 염려는 없겠습니다."

이 말에 모두들 못마땅한 표정을 펴고는 웃었다.

송보도 웃음을 띤 채 말했다.

"예로부터 아전들에게 평가는 엄하게 하여 벌은 곧잘 주었으나 상은 주지 않았소. 나는 연말에 업무 공과에 따라 상중하 세 등급으로 나누고, 그것을 다시 세 등급으로 나누어 총 구등급으로 평가할 것이오. 그리하여 상중이나 상상의 평을 받으면 상을 줄 것이고 하상을 받으면 문책하고 하중을 받으면 벌을 주고 하하를 받으면 직임을 거둘 것이오. 그러니 자신의 일에 최선을 다해 주기 바라오."

명분에 합당한 명에 어찌 토를 달 것인가. 아전들이 일제히 고개를 숙여 명을 받았다. 송보는 다시 한마디 덧붙였다.

"지금 서로 직무에 따라 일은 다르나 우리 현과 백성을 위해 하나로 화합해야 하오. 육방 관속은 자기 직임만 챙기지 말고 서로 도우세요. 오늘 굳이 여기서 회의를 하는 본관의 마음을 잘 헤아려 주기 바랍니다."

송보가 먼저 자리를 뜨자 아전들이 혀를 내둘렀다.

"휴우, 소년 사또라고 만만히 보다가는 뼈도 제대로 못 추리겠는걸."

"그러게 말일세. 연말에 무슨 상을 줄지 한번 잘해 보자고."

며칠째 강돌이가 보이지 않으니 송보는 헛헛함이 밀려들었다. 어쩌면 그것은 강돌이가 가져올 소식을 기다리다 보니 드는 마음일지도 몰랐다.

"그 녀석은 심부름을 잘 하고 올까?"

송보는 부친의 생신을 맞아 해산물과 안부를 전하고 오도록 강돌이를 한양으로 심부름 보냈다. 그리고 마재로 가서 다산 선생의 증손녀에게 『목민심서』 원본을 돌려주라고 했다. 책궤 속에는 시를 적은 단오 부채와 편지 한 통도 들어 있었다.

바람 부는 날 마량에서 서쪽을 바라보니
수평선 너머 바다는 두물머리로 이어졌네

부채에 난을 치고 시를 적었는데 보내 놓고 생각하니 영 쑥스러웠다.

"강돌이가 아씨의 답장을 받아 올까?"

아씨를 생각하니 갓 피는 진달래처럼 방긋 웃던 모습이 떠올라 송보는 가슴이 콩닥거렸다.

"아, 지금 내가 무슨 생각을 하는 건가."

송보가 고개를 훼훼 저을 때 백 선비가 찾아왔다.

"얼굴에 홍조가 어리었는데 무슨 일이 있습니까?"

송보의 얼굴이 더욱 붉어졌다. 아씨 생각에 가슴이 뛰더니 얼굴까지 붉어진 것이 또 민망했던 것이다.

"아, 아무 일 아닙니다. 무슨 일로……?"

송보가 평소와 달리 허둥대자 백 선비가 씩 웃고는 보따리를 풀어 보고서를 내밀었다. 취임 이후 민심의 평판과 백성들의 분위기를 알아봐 달라고 부탁했는데 보름 남짓 만에 보고서를 만들어 왔다. 처음 건의 사항을 올리라는 명을 내렸을 때 아무도 답변이 없어 백 선비에게 부탁한 참이었다.

송보가 받아 읽어 보니 평판은 좋은 편이었다.

"민심이 매우 순해졌습니다. 수령과 관청이 높고 무서웠는데 그 두려움이 많이 걷힌 것입니다. 이는 백성의 마음을 편안하게 해 준 것이나 반대로 법을 우습게 알고 함부로 나댈 여지가 있습니다."

"그럼 어찌 하면 좋겠습니까?"

"잘하는 것은 칭찬하고 잘못하는 것은 법을 엄격히 적용하면 됩니다. 일부 양반들과 별감들이 불만을 품고 있지만 결국 원칙을 지키면 따를 것입니다."

"그리하겠습니다."

송보는 비로소 자신의 다스림이 효과가 있음을 알고 자신감을 가졌다.

"그리고 이거 받으십시오. 오 군관이 만든 것입니다."

이용심 사건에 대한 '사실 확인서'였다. 이용심과 함께 궐기하여 현청으로 몰려갔던 사람들을 은밀하게 만나 받은 것이었다. 당시는 물론 그 후에도 누구도 섣불리 사실을 증언하려 하지 않았다. 그것은 곧 나주 목사와의 싸움이라는 걸 알기 때문이었다.

그런데 마량에 부임한 지 이 년밖에 안 된 오 군관이 그것을 받아 냈으니 그에 대한 두터운 신임을 확인할 수 있었다.

"됐습니다. 이것만 있으면 사건의 실체를 바로잡을 수 있을 겁니다."

제6장 호전

세금은 공정해야 한다

호방이 다급히 달려와 아뢰었다.

"사또, 바야흐로 보릿고개 때이옵니다. 서둘러 백성에게 환곡을 내야 합니다."

송보는 올 것이 왔다고 생각하며 두 눈을 부릅떴다.

백성에게 세금을 거두는 제도를 삼정이라고 했다. 논밭의 크기와 수확에 걸맞는 세금을 쌀로 거두는 전정이 국가 수입의 첫째였다. 둘째는 군정으로 일반 백성은 병역을 대신하여 베 한필 값의 돈이나 쌀을 내도록 했다. 셋째는 쌀이 떨어진 봄에 나라에서 쌀을 빌려주었다가 가을에 이자를 붙여 되돌려 받는 환곡이었다.

이 가운데서 백성을 가장 힘들게 쥐어짜는 것이 바로 환곡임을 송보는 잘 알고 있었다. 지방의 수령이나 아전이 환곡을 통해 가장 많은 이득을 챙기기 때문이었다. 백성은 굶어죽지 못해 환곡을 받을 수밖에 없는 경우도 있었으나 사정에 따라 안 받을 수도 있었다.

그런데도 아전들은 강제로 환곡을 내주고 터무니없이 비싼 이자를 받는 일을 정당한 듯이 여기곤 했다. 그것을 바로 잡지 않고서는 절대로 올바른 다스림을 펼칠 수 없다는 것이『목민심서』의 가르침이었다.

"환곡의 이자는 어느 정도요?"

호방과 이방이 서로 눈치를 보며 우물쭈물하였다. 원칙을 중시하는 송보가 이자를 많이 못 받도록 할 게 뻔한 때문이었다. 환곡은 아전들의 한 해 농사나 다름없어 조금이라도 더 받으려고 갖은 수작을 부리곤 했다.

"환곡은 원래 세금은 아니었으나 지금 세금처럼 된 까닭을 아십니까?"

이방이 오히려 되물었다. 평소에는 송보에게 매우 협조적인 이방인데 환곡만큼은 양보하지 않겠다는 의지가 번득였다.

"환곡의 기원은 고구려의 명재상 을파소가 시행한 진대법이오. 굶주리는 백성에게 봄에 쌀을 빌려주고 가을에 추수를 하면 꼭 그만큼을 받곤 했지요. 고려에서는 의창 제도를 시행하여 조금씩 이자를 붙여 받았고, 조선에서도 쌀을 나누어 주고 이자를 받았소. 하지만 이는 모두 백성을 구하고자 하는 뜻이었지 이익을 보려는 건 아니었소. 그런데 임진왜란 이후 나라 재정이 어려워 이자를 많이 붙이기 시작하여 오늘날에는 백성의 살림을 쥐어짜는 몹쓸 제도로 되고 말았소. 나라가 백성을 상대로 고리대금 장사를 하는 꼴이 되었으니…….”

이방과 호방이 바짝 긴장한 채로 이어지는 송보의 말에 귀를 기울였다.

“필요하지도 않은 사람에게 강제로 곡식을 빌려주는 것을 늑대라 하고, 한 섬을 빌려주고 두 섬으로 기재하여 속이는 걸 반작이라고 한다지요. 설마 우리 현에서는 쌀에 돌을 섞어 주는 분석이나 군사용 비상 쌀까지 비싸게 내주는 허류는 안 하겠지요?”

이방과 호방이 혀를 내밀고는 고개를 절레절레 흔들었다. 송보는 이 순간을 위해 『목민심서』를 달달 외우고 환곡 장부를 세밀하게 살폈다. 이방들의 행태에 대해서는 황상 선생께 세밀하게 가르침을 받았다.

“아니, 대체 사또께서는 그 나이에 과거 공부만도 벅찼을 텐데 이런 상세한 공부는 언제 다 하셨단 말입니까? 속에 한 백 살쯤 된 노인이라도 들어 있습니까?”

“그걸 어찌 알았소. 내 속에 꼭 백 살 된 노인 한 분이 살고 있소."

송보가 다산 선생을 생각하며 씩 웃었다.

"하지만 이건 아셔야 합니다. 우리 아전들은 따로 녹봉이 없으니 환곡으로 수입을 올려 가정을 꾸려 가는 사정 말입니다."

이방의 말에 송보가 고개를 끄덕였다.

"물론 알지요. 쌀 열 되는 한 말, 열 말은 한 섬이고, 한 섬은 두 가마니지요. 나라에서는 한 섬을 빌려주고 가을에 대여섯 되 더 받게 한 것이 애초의 환곡인데 그게 한 말 정도로 늘어났지요. 그리고 갖은 구실을 덧붙여 이자가 두 말, 세 말이 되고 급기야 한 가마니에 이르기도 합니다. 가을에 추수해도 백성의 곡간에는 들여 넣을 게 없지요. 그래서 백성이 굶어 죽고 나면 수령이 어디 있으며 아전은 뭘 필요가 있겠소."

"그래서 이자를 얼마로 책정하시려 합니까?"

호방의 목소리가 퉁명스러웠다. 눈빛과 표정에도 불만이 가득했다. 지난번 창고 점검 때도 능구렁이처럼 능청을 부리려고 해서 치도곤(조선 시대 죄인의 볼기를 치는 데 쓰던 곤장의 하나)을 안겨 줄까 했는데 저 욕심은 반드시 눌러 주어야겠다는 생각이 들었다.

"처음에 환곡은 세금이 아니라 비축된 나라의 쌀을 새것으로 바꾸어 기근이나 전쟁에 대비하고 백성을 구휼하는 것이었소. 그러나 지금은 세금처럼 되어 책정된 양이 있으니 이자를 안 붙일 수는 없지요. 한 섬당 한 말이 적당하나 아전들의 생활을 고려하여 일할을 넘지 않게 한 섬당 두 말을 한계로 정하겠습니다."

"안 됩니다!"

이방과 호방의 두 눈이 뚱그레져 소리를 질렀다.

"그걸로는 나라에 바치는 물량으로도 모자랍니다. 최소한 세 말은 받아야 우리도 굶어 죽지는 않습니다."

송보는 고개를 가로젓고 단호하게 명령했다.

"나라의 세금은 전정을 착실히 거두면 되고, 아전은 전정과 군정에서도 조금씩 수입을 남긴다는 걸 알고 있소. 물론 평소보다는 수입이 줄어들겠지만 백성의 삶은 조금 나아지겠지요. 환곡은 내가 직접 나가서 감독할 테니 절대로 속일 생각은 하지 마시오."

송보는 가우도로 기별하여 백 선비를 불렀다. 그리고 함께 아전들을 거느리고 마을을 돌며 환곡을 나누어 주었다. 바다와 산과 들이 다 있는 강진은 비교적 풍요로운 편이었으나 들판이 넓은 병영 쪽을 제외하고는 쌀이 늘 부족했다. 그래서 환곡에 크게 의지했는데 그 이자가 낮아지니 모두 춤추며 좋아했다.

송보는 환곡을 나누어 주는 김에 마을을 돌며 호적부와 토지 대장도 점검하였다. 호방이 매겨 놓은 것은 실제와는 차이가 많이 났다. 호방은 사람들이 자주 이동하는 바람에 그리 되

었다고 둘러대었으나 썩 미덥지 않았다.

 토지 대장인 양안으로 논밭의 평점을 육등급으로 매겼다. 등급을 매기는 일은『목민심서』에도 나오지 않아 백 선비의 도움을 받았다. 백 선비는 토지 등급을 매기는 것뿐만 아니라 각 지역의 환경과 특성에 맞는 산업을 일으켜야 한다고 했다.

 "옴천 같은 산골에는 닥나무를 더욱 많이 심고 재배하면 산촌 사람들의 살림에 도움이 클 것입니다."

 "아, 산닥나무로 만든 종이 질이 더 좋으니 아예 종이를 만들어 팔면 더 좋겠군요."

 송보의 생각과 백 선비의 의견은 달랐다.

 "아닙니다. 종이를 생산하는 데는 시설과 기술자가 필요합니다. 강진에 그것은 갖추어져 있지 않으니 닥나무 껍질을 재료로 내다 파는 것이 낫습니다."

 백 선비는 강진의 곳곳에서 일어나는 일을 세세히 알고 있었다. 지난번엔 민심을 살피면서 그런 것까지 자세히 보아 둔 것이었다. 장차 백 선비가 좌수직을 맡는다면 강진은 크게 안정되고 발전할 것 같았다.

 생각 같아서는 백 선비를 좌수로 세우고 싶으나 그건 어려웠다. 전통적으로 좌수는 고을에서 나고 자란 사람으로 해야 민심이 잘 따랐다. 백 선비는 충청도에서 강진으로 흘러들어 온 사람이었다. 아마도 좌수를 맡아 달라고 하면 가우도로 들어가 다시는 나오지 않을 것이 뻔했다. 고 좌수의 직무 정지를 풀든지 새로운 좌수를 뽑든지 해야 하는데 송보는 선뜻 판단이 서지 않았다.

보름에 걸쳐 모든 일이 끝나자 송보는 아전들에게 일일이 할 일을 주었다.

"공방은 봉황리에 무너진 제방을 쌓게 부역 계획을 세우고 관아의 노비들도 지원하시오."

"예, 그리합지요."

"도암은 청자와 백자, 칠량은 옹기가 유명했다는데 오늘날 그 산업이 시들어 버린 까닭이 무엇이오?"

공방이 대답했다.

"우리 강진의 고령토 질은 조선 팔도에서도 으뜸이어서 고려청자 빛깔은 강진의 하늘 빛깔이라는 말이 있었지요. 그런데 임진왜란 때 워낙 많은 도공들이 왜놈들에게 잡혀 가는 바람에 기술 전수가 끊어지고 시장도 좁아들고 말았습니다요."

"그렇다고 좋은 흙이 없어진 건 아니니 도자기 사업을 다시 일으킬 방도를 찾아보시오. 아직 기술자들이 있을 테니 그들이 먹고 살 방도를 마련해 준다면 모여들 것이오."

과제를 잔뜩 받아 든 공방이 혀를 내두르며 물러났다.

"모내기도 다 끝났으니 유두날을 맞아 잔치를 벌이면 좋겠습니다. 상품으로 닭이나 돼지, 송아지를 준비하여 축산업을 장려하려 합니다."

명을 받은 예방이 한껏 웃음을 띠며 아첨을 늘어놓았다.

"사또에 대한 칭송이 관내 고을마다 자자하여 아이들이 우리 사또님 만세를 부른다고 합니다."

송보는 잠시 생각에 잠겼다가 무거운 표정으로 예방을 쳐다보았다.

"만세는 임금께 바치는 칭송입니다. 철없는 아이라도 그런 소리를 금하게 하고 다시 하면 물볼기를 친다고 전하시오. 혹 나를 칭찬하려 하면 임금께 감사하라고 하시오."

예방이 머쓱하여 더욱 고개를 조아렸다.

'웃으며 칭찬하는 자는 나를 욕보이려는 자임을 잊지 마라.'

하늘에서 다산 선생의 말이 들리는 듯하였다. 그리고 궁궐에서 외롭게 지낼 임금을 생각하니 가슴이 저릿하였다.

늦도록 회의를 하고서 숙소로 돌아오니 강돌이가 기다리고 있었다.

"소인 다녀왔습니다요."

"그래, 애썼구나. 아버님 어머님은 무고하시더냐?"

"예, 별고 없으셨습니다요. 진사 어른께서는 새로 말 한 필을 구하여 길들이는 재미에 빠져 계시고 안방마님께서는 도련님 속병을 걱정하셨습니다요. 그래서 센돌이 등짝에 또 마늘 한 보따리 싣고 왔습니다요."

아닌 게 아니라 강돌이가 없는 동안 마즙을 챙겨 먹지 않았다. 요즘 가뜩이나 신경을 많이 썼더니 속이 꽤 쓰라렸다. 하지만 마즙을 챙기는 것보다 궁금한 것이 있었다.

"마재로 『목민심서』 잘 전해 드렸고?"

강돌이는 씨익 웃음을 그리며 대답하지 않았다.

"묻지 않느냐?"

"책보다 더 궁금한 게 있어 그러시지요?"

허를 찔린 듯 송보가 헛기침을 하였다.

"그게 무슨 흰소리야. 그 책이 얼마나 귀한 책인데, 도중에 도적을 만나도 돈을 내줄지언정 그 책을 줘서는 안 된다고 하지 않았느냐."

강돌이는 한 번 웃고는 서찰 한 통을 내밀었다.

"그거야 당연히 소인이 목숨을 걸고라도 지켰지요. 이거 기다리셨지요?"

송보의 얼굴이 살짝 달아올랐다.

"허, 이놈이 상전을 놀리네."

송보는 다시 헛기침을 하고는 말했다.

"어험, 험험. 고생 많았다. 어서 가서 쉬어라. 센돌이도 먹을 것 좀 잘 챙겨 주고."

강돌이가 문을 닫으며 다시 한마디 보탰다.

"마재 아씨가 키도 훌쩍 자라시고 무척 예뻐지셨더라고요."

송보가 눈을 치뜨기도 전에 강돌이는 문을 닫고 쌩하니 내뺐다.

얼른 서찰을 열어 보고 싶었지만 송보는 차분히 호흡부터 가라앉혔다. 과연 단오 부채에 적어 보낸 시와 편지를 보고 답서를 줄지 마음을 졸였는데 막상 받고 보니 꺼내기가 망설여졌다. 마음을 들키는 것도 은근히 두렵고 마음을 알아주지 못할까 걱정되기도 했다.

다시 마음을 가다듬은 송보는 천천히 편지를 펼쳐 들었다. 간단한 문안 인사와 책을 잘 받았다는 이야기 그리고 편지 끝에 시 한 편이 실려 있었다.

**아득한 골짜기에서 흘러온 두 갈래 강물
두물머리에서 만나 바다로 가네
나뭇잎 배에 연꽃 한 송이 실어 보내고
갯내음 싣고 돌아오기를 기다립니다**

'이거 나를 기다린다는 말, 틀림없지?'

송보는 두근대는 심장을 지그시 눌렀다. 가슴 깊은 곳에 뜨겁게 차오르는 그것은 처음 느껴 보는 기쁨이었다.

'연지, 연지 아씨라.'

편지 끝에 적힌 이름은 '연지(蓮智)'였다. 이름도 몰라 '마재 아씨께 드립니다' 하고 편지를 썼는데 이제야 이름을 알게 된 것이었다.

　이름을 알고 나니 아씨의 모습이 더욱 생생하게 떠올랐다. 아침햇살에 꽃잎이 막 벙글 듯한 연꽃 봉오리 같았다. 그 연꽃이 나뭇잎 배를 타고 강진만으로 들어오는 상상을 하니 아씨가 자신을 찾아오는 것만 같았다.

　송보는 편지와 답시를 읽고 또 읽었다. 시에서 묵향이 아닌 꽃향기가 나는 듯하고 글씨마저도 사랑스러웠다. 이렇게 짧은 글에 수많은 상상과 깊은 마음을 담다니, 시란 정말로 위대한 예술임에 틀림없었다.

　"잘해야지, 암!"

　첨으로 설렘과 기다림을 알게 해 준 연지 아씨에게 멋지게 보이고 싶었다. 수령 노릇을 제대로 해야 할 이유가 하나 더 생긴 것이었다.

제7장 예전

예절을 가르치고 학문을 장려하라

여름이 시작되는 음력 사월 초하루, 송보는 향교의 대성전으로 가서 향을 피우고 제를 지냈다. 새로운 계절이 시작되는 초하루나 보름 중에 학문하는 분위기를 만들기 위해 수령이 해야 하는 일이었다.

하지만 최근에 수령들이 그 일을 등한시하여 학풍이 몹시 사그러들었다. 향교엔 지역 유지의 자제들이 공부를 핑계대고 모여서 술추렴(술값을 여러 사람이 분담하고 술을 마심)이나 하는 일이 비일비재했다. 게다가 관리인조차 일을 등한시하여 뜨락엔 잡초만 무성했다.

사실 강진은 한양에서 먼 해안 오지인데도 교육 환경이 나쁘지 않았다. 오히려 다른 지방보다 뿌리가 깊고 다양했다. 개국 초기인 태조 때에 이미 교촌에 향교가 세워졌을 정도였다. 금산사, 금강사, 강덕사, 덕호사 등은 절이 아니라 서원보다 규모가 작은 사설 교육 기관이었다. 교육 수준이 향교보다도 높은 수암 서원, 서봉 서원, 주봉 서원, 박산 서원도 있었다.

그러나 관내 출신 가운데 크게 이름을 떨친 학자나 벼슬아치가 나오지 않아 점차 사그러든 것이었다. 다산 초당이 생긴 뒤로는 실력 있는 선비들이 다산 초당으로 몰리는 바람에 나머지 학당들은 더욱 힘이 떨어졌다. 그리고 다산 선생이 고향으로 돌아가면서 다산 초당도 생기를 잃었다.

송보는 다산 초당으로 가서 윤 선비에게 도움을 청했다.

"향교에는 잡초만 우북할 뿐 책 읽는 소리는 들려오지 않고 조정에서는 교수를 보내지 않은 지 벌써 수십 년입니다. 다산 선생님께서 계실 때는 학풍이 일어났으나 그 시절이 지나니 다시 시들어 가는군요."

윤 선비의 말이 씁쓸했다. 지금 강진의 관심사는 학당이 아닌 시장에 몰려 있다고 했다. 최근 십 년 동안 고 좌수가 별감들과 아전들을 주물러 만든 분위기였다.

"공부를 하면 뭐 하겠습니까. 실력이 있다 해도 천한 바닷가 출신이라고 과거에 붙여 주지도 않고 어쩌다 붙어도 관직을 받기는 별 따기보다 어렵습니다. 게다가 지역 분위기가 선비를 우습게 알고 무시하며 장사꾼들이 득세하여 유세를 부리는 세상이 되었으니 어느 부모가 돈 들여 공부를 시키겠습니까? 어린 아이들은 산으로 바다로 떠돌 뿐 공부하지 않은 지 벌써 이십여 년이나 되었답니다."

윤 선비의 말에서 송보는 답을 찾았다.

"예로부터 조선은 선비의 나라요 예와 학문을 숭상하는 것이 자랑입니다. 다시 그러자면 무례와 사치를 일삼는 행태부터 바로잡아야겠습니다."

관아로 돌아온 송보는 군관을 시켜 은밀히 아전들의 행태와 민심을 조사했다. 역시 애초에 짐작한 대로 세금을 관장하는 호방에 대한 원망이 가장 높았다. 특히 호방의 부인이 사치가 매우 심해 옥교자(가마)를 타고 정경부인처럼

차려입고 다닌다니 바로잡을 필요가 있었다.

송보는 미복(지위가 높은 사람이 몰래 살피러 다닐 때 입는 남루한 옷차림) 차림으로 호방의 부인이 잘 다니는 길목으로 나갔다. 마침 장터로 가는 길에 옥교자가 나타났다. 송보가 그 앞으로 무심히 걸어갔다.

"비켜라. 붉바위골 마님 행차시다!"

호방의 집이 비가 오면 바위가 붉어진다는 홍암골에 있어 그렇게 불리는 듯했다.

"강진에는 정경부인이나 타고 다닐 옥교자를 탈 만큼 지체 높은 마님은 없다고 들었는데 대체 뉘댁 부인이시오?"

길을 막고 버티고 선 채 송보가 말했다. 호방 집안의 집사인 듯한 길라잡이가 송보를 무시하고 밀치려 했다.

"뭐 이런 꼬마가 선비랍시고 갓 쓰고 나대기는, 쳇."

길라잡이가 송보의 몸에 손을 대려는 순간 변복하고 있던 호위 무관의 방망이가 춤을 추었다. 순식간에 가마꾼들이 주저앉고 가마도 내동댕이쳐졌다.

"대체 어떤 놈이 감히 길을 막고 행패를 부리는 것이냐?"

가마에서 내린 호방의 아내가 송보에게 삿대질을 하며 소리를 질렀다. 듣던 대로 비단옷이 화려하고 품이 신분에 넘치게 컸다. 비녀와 노리개 역시 신분에 맞지 않는 것이었다.

"나는 이 고을의 현감인데 그대는 내가 고개를 조아려야 할 정경부인이라도 되는 것이오?"

송보가 똑바로 쳐다보자 호방의 부인은 사색이 되어 부들부들 떨었다.

"저 사치스러운 것을 완전히 부수어라!"

송보가 명을 내리자 옥교자는 산산이 부서지고 말았다. 그런데 무엇이 데구르르 굴러나왔다. 부인네들이 나들이 때 지니고 다니는 놋쇠 요강인데 쇠가죽으로 감싸여 있었다. 차가운 금속이 살갗에 닿는 게 싫어서 그렇게 사용하는 부자도 있다고 들었는데 실제로 본 건 송보도 처음이었다.

"요강조차 사치를 하다니, 백성의 고혈을 짜서 휘감고 다니

는 게 분수를 넘는구나."

송보는 거리에 모인 사람들이 다 듣도록 엄히 명을 내렸다.

"저 부인은 당장 관아로 끌고 가 물고를 낼 것이며, 그 남편은 직책을 거두고 형장으로 다스릴 것이다!"

가뜩이나 전임 현감, 나주 목사 등과 백성을 수탈하고 관아의 재산을 빼돌린 혐의가 많은 자여서 송보는 과감하게 벌을 내렸다. 호방에게는 태장 쉰 대를 내리고 얼굴에 재를 바른 채 관내 마을을 돌며 사죄하도록 했다. 그 부인은 보다 작은 매인 신장 쉰 대로 다스렸다. 그리고 그 동안 빼돌린 것을 계산하여 배상하도록 했다.

백성들은 속이 시원하다며 환호했고 아전과 관속들은 규율이 섰다. 더불어 예의와 신분 질서도 잡혀 분수를 넘는 행위들이 일시에 잠잠해졌다. 이렇게 해 놓고 비로소 송보는 향교와 서당을 정비하기 시작했다. 먼저 향교 관리자를 새로 임명하여 안팎을 정비하고 깔끔하게 꾸몄다.

'한동안 학풍이 쇠퇴했으니 어린 학동을 키우는 것부터 시작해야겠다.'

송보는 관내 지도를 보고 구역을 나누었다. 큰 마을은 셋씩 작은 마을은 다섯씩 묶은 뒤 그곳에 서당을 각각 하나씩 만들도록 예방에게 지시했다. 물론 예전에 서당이 있던 곳부터 부활시키는 게 먼저였다.

"여덟 살 이상 된 사내아이들을 파악하여 모두 서당에 다니도록 하시오. 내가 한 달에 한 번씩 서당을 순례할 테니 이를 어기는 부모는 엄히 다스린다 전하시오."

송보가 서두르니 한 달 사이에 서당이 정비되었다. 다산 초당을 드나드는 선비들에게 서당 훈장을 맡기고 가우도의 백 선비를 향교의 교장 겸 교수로 삼았다. 황상 선생을 모시고 싶었으나 한사코 거절하는 바람에 더 청하지는 못했다.

송보는 자신의 녹봉으로 책을 사서 향교와 서당에 나누어 주기도 했다. 이리하여 강진 전역에 책 읽는 소리가 매미 소리와 더불어 커져만 갔다.

'이제 봄가을로 좋은 날을 골라 백일장을 열어야겠군.'

서당이 정비되자 송보는 마두진으로 가서 오 군관을 만났다. 병마도위로서 진을 점검할 겸 의논할 일이 있어서였다. 마두진 상태는 완벽했고 군사들은 잘 훈련되어 있었다.

점검을 마치고 저녁을 먹은 다음 송보는 오 군관과 단 둘이 차를 나누었다.

"오 군관에게 부탁이 있는데 들어주겠나?"

"어려워 말고 말씀하십시오."

"그대의 무예를 절제사의 병영에서도 당할 자가 없다던데 권법은 물론 활과 칼을 비롯한 마상 무예까지 탁월하다더군."

"과찬입니다. 그저 힘을 조금 쓰는 정도지요."

"고향이 강진이라지?"

"예, 수인산 너머 옴천 골짜기입니다."

"그 뛰어난 재능을 이곳 마량의 아이들에게 좀 나누어 주시면 어떨까? 고을마다 서당을 열었는데 아이들은 공부에 별로 흥미가 없네. 그래서 경전 공부와 더불어 무과 공부를 한다면 흥미를 가질 듯한데 어떤가?"

오 군관의 커다란 눈이 번쩍 빛났다.

"힘들겠지만 공무가 없는 날에 서당 아이들을 지도해 주게. 그리하면 아이들이 장차 무관이 못 되더라도 고향을 지키는 뛰어난 군졸은 되지 않겠는가?"

오 군관이 입술을 질끈 다물더니 자리에서 벌떡 일어났다. 그러고는 무릎을 꿇고 말했다.

"현감 나리께서 제게 고귀한 소명을 주시니 신명을 바쳐 아이들을 가르치겠습니다."

잔잔한 앞바다에 달빛이 부드럽게 찰랑거리는 밤이었다.

제8장 병전
병사와 군수품은 평소 완벽하게 준비하라

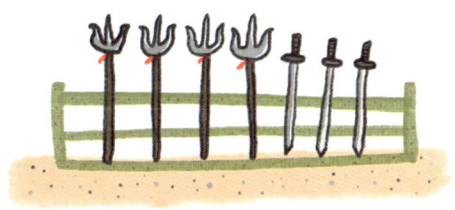

"으랏차차차!"

"넘어간다 넘어간다!"

유두날을 맞아 강진현 체육 대회가 열렸다. 뜀박질과 듬돌 들기, 줄다리기가 이어져 열기를 돋우었다. 씨름은 면별로 대표를 뽑아 읍내에 모여 실력을 겨루었다.

"맞들어라, 맞들어!"

"발을 대, 발을 쓰라고!"

결승전인 맞대매에서 두 장사가 샅바를 잡고 엎치락뒤치락 힘을 겨루었다. 우승 상품으로 송아지가 준비되어 있었다.

"우아아아!"

기어이 송아지의 주인이 가려졌다. 마량의 포졸이었다. 그들은 단체전인 모둠 겨루기에 이어 개인 장사까지 거머쥐었다. 황소에다 송아지까지 갖게 된 선수들은 모래판에서 덩실덩실 춤을 추었다.

"참으로 장하오."

송보는 시상하고는 오 군관을 칭찬했다. 마량의 씨름단은 오 군관의 지도를 받아 다른 면 선수들에 비해 월등한 기량을 갖고 있었다. 늘 무뚝뚝하던 오 군관도 오늘만큼은 함박웃음을

감추지 않았다.

　햇살의 기운이 약해질 무렵, 땅뺏기 놀이 맞대매가 시작되었다. 그것은 강진 지역에 전해지는 전통 놀이로 가장 큰 경기였다. 경기의 승패에 따라 그해 농사의 풍년을 점치곤 하는 까닭이었다.

　"어허 에헤루여 상사 디여!"

　"이 한 모로 풍년이 들고……."

　"어허 에헤루여 상사디여……."

"풍년이 들면 장가를 간다……."

두 고을이 청룡과 백호가 그려진 대장기를 가운데 두고 마주섰다. 그리고 모내기와 김매기를 흉내내며 메기는 소리(민요를 부를 때 한 사람이 앞서 부르는 소리)를 이어 갔다. 이어 사물놀이가 판을 펼치면 모두들 덩실덩실 춤추었다.

이때까지는 평화로운 놀이지만 춤이 끝나면 분위기가 확 바뀌었다. 건장한 청년을 태운 황소를 앞세우고 상대방 진영으로 드세게 밀고 들어가는 것이었다.

"우아아아!"

복사꽃이 아름다운 도원골과 세곡창이 있는 덕동마을이 붙었다.

"으쌰으쌰!"

농악 소리와 고함이 더욱 커지고 두 마리 황소가 서로 상대방 진영으로 밀고 들어갔다. 모두들 황소와 대장기를 지키려고 둘러싸서는 '으쌰으쌰' 박자를 맞춰 용을 써댔다. 밀고 당기며 상대를 무너뜨리는 전쟁이었다. 밀치거나 업어넘기는 게 정상이지만 과격해지면 주먹질과 발길질이 오가기도 하였다.

"만세!"

"대장기를 빼앗았다!"

덕동마을의 승리였다. 도원골 사람들은 짚신을 벗어 땅을 치며 곡을 했다. 하지만 정말 우는 건 아니고 우는 흉내만 내는 것이었다. 이긴 마을은 풍년이 든다고 하지만 그건 속설이며 한때 기분일 뿐이었다.

승리한 마을에서는 상으로 받은 황소를 잡아 패배한 마을과 잔치를 벌여 더욱 돈독한 정을 쌓는 것이 관습이었다.

"우리 사또님이 어리신 탓에 강진의 아이들이 기가 펄펄 살아 온동네가 시끄럽다고 난리입니다요."

예방이 밉지 않은 아첨을 해 댔다. 송보는 그냥 씩 웃었고 백 선비가 말을 받아 주었다.

"책 읽는 소리와 아이들 노는 소리가 가득한 곳이 바로 좋은 세상 아니겠습니까?"

상쇠의 꽹과리 소리가 다시 요란해지고 노랫소리도 흥겹게 퍼져 갔다.

유두가 지나니 성큼 여름으로 접어들었다. 바쁜 농사철이 끝나고 장마가 오기 전 들이닥치는 게 있었다. 전주 감영에서 감찰단이 온 것이다.

그런데 이번엔 감영과 절제사의 병영에서 동시에 점검을 나왔다. 감사와 절도사 몫의 공납을 따로 챙겨 보내지 않은 데 대한 보복이었다. 그렇게 현감을 혼내 주라고 좌수가 뇌물을 썼다는 소문이 아전들의 입에서 나왔다.

"왜 같은 걸 따로따로 재 놓았나? 빼돌리려는 거 아냐?"

감찰단은 장부와 실물을 대조하며 다짜고짜 호통부터 쳐댔다. 어린 현감에게 잔뜩 겁부터 주려는 속셈이 뻔히 보였다.
"같은 물품이라도 용도에 따라 재어 놓았습니다. 이것은 일반 비축용이고 저것은 전쟁 대비용입니다."
송보는 당황하지 않고 대꾸했다.
잔뜩 벼른 채 들이닥치긴 했지만 사실 감찰단은 별로 꼬투리 잡을 게 없었다. 장부와 실물은 정확하게 일치했고 창고 관리는 깔끔했다. 게다가 송보가 장부를 보고 척척 설명하니 감찰관도 고개를 끄덕일 수밖에 없었다.
"강진의 군역 대상자는 몇 명인가?"
"열여섯 살 이상 예순 살 이하 군역 대상 장정은 삼천오백칠십이 명입니다."
감찰관의 물음에 송보는 장부도 보지 않고 대답했다. 지난번 토지와 호구 조사 때 철저히 해 둔 덕분에 관내 상황을 환히 외우고 있었다.
송보는 군역에 대해 각별한 신경을 썼다. 이용심 사건이 생긴 것도 따지고 보면 군역에서 비롯되었다. 철저히 호구와 나이에 맞게 군역을 매기고 해당 장정이라도 장애인은 빼 주었다. 병든 부모를 모시고 있으면 군역 대신 내는 군포 값을 반으로 삭감해 주기도 했다.
바닷가 연안 장정은 수군에 배속하고 읍내와 산촌의 장정은 육군에 배속시켰다. 병영이나 수군 진의 번(차례로 숙직이나 당직을 하는 일)을 세우는 것도 마을 규모에 따라 인원을 적절하게 배당해 계획을 세워 놓았다.

"참으로 철저하게 대비해 놓았군."

결국 감찰단도 두 손 들고 혀를 내둘렀다. 남은 것은 외곽의 창고들과 마두진의 군사 상태 점검이었다. 송보는 감찰단을 마두진으로 안내했다.

마두진에는 오 군관이 만반의 준비를 해 놓고 기다리고 있었다. 깃발을 세우고 창칼을 거머쥔 병사들은 모두 오 군관을 닮아 용맹스럽고 늠름했다.

감찰관은 꼬투리 잡을 게 없으니 엉뚱한 소리를 해댔다.

"방풍림의 나무가 너무 빽빽한 거 아닌가. 이래서야 나무들이 제대로 자라겠는가?"

오 군관이 대답했다.

"일부러 그렇게 한 것입니다. 팽나무, 이팝나무, 말채나무 같은 활엽수만 많으면 겨울이 되었을 때 바람이 심합니다. 그래서 후박나무와 감탕나무, 육박나무 같은 상록수를 사이사이에 촘촘하게 심었습니다. 서로 생태가 달라 자라는 데도 별 지장은 없습니다."

마두진에는 판옥선 한 척과 중선(돛대는 둘이지만 조금 작은 크기의 배)이 셋에다 탐망선이 한 척 있는데 그 역시 흠잡을 곳이 없었다. 화약은 숯과 같이 보관하여 습기가 차지 않았고 병장기도 녹슨 것 하나 없이 날카롭게 빛났다.

"곧 장마가 닥치면 큰비가 올 텐데 나루의 제방 시설은 어떠한가?"

오 군관이 시원시원하게 대답했다.

"이제 모내기와 멸치잡이 철이 끝나서 백성을 동원하여 보수하는 중이며 장마가 끝나면 다시 살필 작정입니다."

끝으로 병영 감찰단이 수군의 훈련 상황을 점검했다.

오 군관의 지휘로 군사들이 재빠르고 힘차게 움직였다. 강장 밑에 약졸 없는 법, 오 군관은 평소에 군사들을 잘 단련시켜 놓았다. 권법과 창검술, 활쏘기도 수준급이었다. 마두진의 군사들은 사기가 드높고 배는 빠르고 힘찼다.

"흠, 잘하는군."

감찰단도 인정할 수밖에 없었다.

까다로운 감찰이 끝났다. 아전들은 곧 현감이 바뀔 거라며 술렁거렸다. 감찰 성적은 좋았으나 절제사와 감사의 비위를 맞추지 못했으니 결국 갈아치우게 될 거라는 거였다. 그것은 고 좌수가 대놓고 장담하고 다니는 일이기도 했다.

'내가 저 꼬마 현감의 목을 날려 버릴 테니 두고 보라고.'

이런 소문이 읍내에 파다하게 퍼져 있었다.

"사또, 지금이라도 성의를 보여 후환을 막으시지요."

호방의 말에 다른 아전들도 고개를 주억거렸다. 형방만이 입을 굳게 다물고 그저 쳐다보고만 있었다.
　아전들은 이제 송보에게 적응이 되어 현감이 바뀌는 걸 원치 않았다. 송보는 엄격하지만 윽박지르거나 함부로 권세를 부리는 일이 없었다. 아전들이 자기 일만 충실히 하면 눈치를 보거나 겁먹을 일이 없으니 좋았다.
　송보는 담담하게 말했다.
　"현감을 그만두면 골치 아픈 일에서 벗어나 고향으로 돌아가 부모님을 모실 수 있으니 그것도 좋지 않겠소. 대개 수령의 부정행위는 자신의 자리에 연연해서 일어나기 마련인데 그 미련에서 벗어나면 두려울 게 없지요."
　송보의 당당한 배짱에 아전들도 더 이상 그런 말을 늘어놓지 않았다.
　그런데 감찰이 끝나자마자 새로운 손님이 들이닥쳤다. 나주 목사가 시찰을 나온다는 소식이었다. 시찰은 대개 관찰사가 오는 법인데 먼 곳은 목사를 대행시키기도 했다.
　"젠장, 감찰로 꼬투리가 안 잡히니 또 무엇으로 못 살게 굴려고 오나?"
　이방이 투덜거리며 예방을 쳐다보았다.
　"잔치 준비를 하려면 현청 기둥뿌리 두어 개쯤 빠지겠군."
　송보가 물었다.

"잔치라니오?"

예방이 대답했다.

"목사 나리의 잔치 추렴(모임이나 놀이 또는 잔치 따위의 비용으로 여럿이 각각 얼마씩 돈을 내어 거둠)은 예전부터 유명했습니다요. 관내에 예쁜 기생이 없으면 이웃 관내에 가서라도 데려와야 하고 선물과 술도 거하게 준비하지 않으면 온갖 핑곗거리를 만들어 못살게 굽니다요."

송보가 손사래를 쳤다.

"내 관내에서는 그런 일은 없을 것이오. 손님은 예절로서 맞이하고 상황에 맞게 정성껏 대접하면 그만이오. 수령이 승진을 위해 청탁하거나 허물이 있어 그것을 감추려고 하는 바가 아니라면 굳이 잘 보이려고 애쓸 필요 없소."

송보는 동문 밖까지 나가 목사의 행차를 맞이했다. 고광택은 관찰사를 대행한다는 핑계로 많은 나졸과 악대를 대동하여 위엄을 높였다. 송보는 그들이 불편하지 않도록 잠자리와 음식을 정갈하게 하여 접대할 뿐 잔치를 열지는 않았다. 게다가 이미 감찰을 양쪽에서 받아 꼬투리 잡힐 것도 없었다. 한 가지만 빼고.

"왜 아직 이용심을 잡아 대령하지 않는가?"

역시 고광택의 관심은 이용심에게 쏠려 있었다. 이 문제를 해결하고자 시찰을 나온 것이 분명했다.

"이제 관내 상황 파악이 끝나고 감찰도 받았으니 본격적으로 이용심을 잡아 볼까 합니다."

송보가 담담히 대답했다.

"이제 잡아 볼까 한다고? 지난번에 나타났을 때 왜 놓쳤나? 몇 년 동안 흔적도 없다가 간신히 꼬리를 잡았는데 왜 놓쳤냔 말이다!"

"그자는 자신의 지인들이 피해를 입을까 봐 꼭꼭 숨어 다닌다고 했습니다. 그러니 보통 방법으로는 잡기 힘듭니다."

고광택의 눈이 반짝 빛났다.

"무슨 기발한 방법이 있는가?"

"그자가 숨은 곳을 찾아낼 수 없으니 스스로 찾아오게 만들어야지요."

"어떻게 말인가?"

"저한테 방법이 있으니 두고만 보십시오. 아마 가을걷이가 끝날 즈음이면 이용심의 얼굴을 볼 수 있을 겁니다."

그때서야 고광택은 기름기로 번질거리는 얼굴에 웃음을 띠었다.

"그렇다면 내 소년 등과한 수재의 머리를 믿어 보겠네. 자네가 이용심만 잡아 준다면 출세 길은 내가 보장해 주지."

목사와 현감의 대화를 듣고 있던 강진의 아전들은 근심이 가득한 표정으로 고개를 갸웃거렸다.

"어유, 나중에 어찌 감당하시려고 저렇게 장담하실까?"

이방의 소근거림에 형방도 인상을 잔뜩 찌푸렸다.

"어이구, 나중에 나만 죽어나는 거 아닌가 몰라."

송보의 장담을 들은 고광택은 흡족한 표정으로 대충 시찰을 마치고 돌아갔다.

제9장 형전

형벌은 신중하고 공평해야 한다

　송사를 심리하는 근본은 정성스러운 마음에 있다. 정성의 근본은 혼자 있을 때도 마음가짐에 부끄러움이 없도록 행동을 삼가야 한다. 그리하면 스스로 신명과 통하여 굳이 말하거나 따지지 않아도 백성이 교화될 것이다.

　송보는 『목민심서』에 나오는 이 구절을 외우고 또 외었다. 그리고 혼자 있을 때 나태해지거나 욕심이 생기지 않도록 경계했다. 애초에 취임하자마자 송보는 형방에게 엄하게 명했다.

　"백성의 억울함을 풀어 주려면 먼저 관아의 문턱을 낮추어야 하오. 관아 앞길과 시장 길목에 그늘막을 치고 형리들이 백성의 송사와 의견을 받도록 하시오. 억울함이 있는 백성이 관아를 부모 집처럼 여기도록 해야 하오."

송보는 닷새에 한 번씩 시장으로 직접 나갔다. 시장에 임시 판결소를 만들고 자잘한 일은 그 자리서 해결해 주곤 했다. 거기엔 언제나 송보가 직접 쓴 글이 걸려 있었다.

비법단사황천강벌(非法斷事皇天降罰; **법이 아닌 것으로 일을 처리하면 하늘의 벌을 받게 될 것이다**)!

형리들이 안면이 있다고 하여 법을 어기고 함부로 판단하지 못하도록 경계하고, 자신 또한 법을 지키려는 의지를 표현한 것이었다.

현의 감옥은 읍성 남문과 동문 사이에 있었다. 감옥을 시찰한 송보는 죄인들의 차림새가 너무 남루하여 안쓰러웠다.

송보가 옥사장과 형방에게 명했다.

"죄인도 백성이다. 죄값을 치르게 할 뿐 학대해서는 안 된다. 죄인들이 밖으로 일하러 나갈 때 외에는 차꼬(발에 채우는 잠금쇠)를 채우지 말라. 옷을 자주 빨아 입게 하고 너무 낡은 옷은 새옷으로 바꿔 입게 해라. 그리고 아주 가난한 자에게는 관에서 옷을 주도록 하라."

죄인들의 죄목을 살펴본 송보는 죄인들을 다시 분류하여 수

감하도록 명했다.

"강도, 강간, 사기 같은 죄를 지은 흉악범들과 단순한 실수로 죄 지은 자를 함께 두지 말라. 감옥살이보다도 그 안에서 흉악범에게 시달리는 것이 더 힘들어서는 안 된다. 옛날 세종대왕께서는 무더운 날 귀한 얼음을 죄인들에게도 나누어 주신 적이 있으니 감옥 안 백성에게도 임금의 은혜가 베풀어진다는 것을 알도록 하라."

송보는 무엇보다도 감옥에서 먹는 식사에 신경을 썼다. 밥의 양과 질이 좋아지니 감옥 분위기가 봄날처럼 부드러워졌다.

갑자기 현청이 소란해졌다.
"현감 있소?"
이방보다도 먼저 소리를 치고 관아로 들어온 이는 고 좌수였다. 직무가 정지되었으나 그는 여전히 강진에서 떵떵거리는 부자였고 현감만 바뀌면 자신이 다시 좌수가 될 거라고 거들먹거렸다.
"어쩐 일이십니까?"
송보가 불쾌한 표정으로 고 좌수를 쳐다보았다. 관아를 우습게 아는 건 수령을 우습게 아는 것이고, 그것은 곧 벼슬을 내린 임금을 우습게 여기는 것이었다.
"관아 드나들기를 부모나 친척 집 드나들 듯이 하라고 해서

왔소이다. 나도 해결 봐야 할 송사가 있어서요."

고 좌수 뒤로 네 명의 촌부들이 고삐를 꿴 듯 줄줄이 따라 들어왔다. 호방과 형방도 종종걸음으로 달려나왔다.

"이놈들이 내 쌀을 도둑질해 먹고는 갚지 않으니 어서 처벌해 주시오."

송보는 화가 났으나 흥분하지 않고 가만히 듣기만 했다.

촌부들은 고 좌수네 땅에서 농사 짓는 농부이거나 고 좌수네 어장에서 일하는 어부들이었다. 그들은 모두 고 좌수에게 쌀 한 가마니씩을 빌려갔다. 한 달에 한 말이 이자이니 일 년이면 열두 말, 즉 한 가마니 하고도 두 말을 더 내야 했다. 그걸 두 해가 지나도록 못 갚은 것이었다. 그러자 이자에 또 이자가 붙어 올가을에는 여덟 가마니씩 바쳐야 한다는 게 고 좌수의 주장이었다. 쌀 여덟 가마니면 대개 한 가정의 일 년치 양식이었다.

"그나마 내가 매년 끄트머리는 탕감해서 여덟 가마니씩만 내라는 건데 그것도 못 내겠다니 도둑놈들이 아니고 무엇이오. 현감은 속히 이놈들을 태장을 치고 옥에 가두시오."

고 좌수는 자기가 현감인 양 소리쳤다.

"아유, 좌수님. 아무리 그래도 배보다 배꼽이 커질 수야 있습니까. 저희들이 안 갚겠다는 건 아닙니다. 다만 너무 이자가 드세서……."

촌부 중에 하나가 울면서 아뢰었다.

"그럼 그대들은 얼마 정도면 갚을 수 있겠소?"

송보가 물었다.

"저희들이 서로 얘기하기를 네 가마니 정도면 이를 물고 허리를 졸라매고라도 갚겠다고 하였습니다. 그런데 여덟 가마니라니, 그건 우리 보고 죽으라는 말과 다름없습니다. 저희들은 어쩌다 집안에 우환이 겹치거나 몸을 다치는 바람에 제때 갚지 못하여 이자가 눈덩이처럼 불어난 것입니다. 아무리 이자가 무섭기로서니 세상에 이런 경우가 어디 있습니까. 사또, 부디 살펴 주십시오."

고 좌수가 서류 뭉치를 꺼내 흔들며 버럭 고함을 질렀다.

"이런 도적놈들, 이게 너희들이 쌀을 가져갈 때 지장을 찍은 계약서다. 내가 어디 없는 소리를 하느냐 사기를 치느냐!"

송보가 판결을 내리기 전에 법률을 설명했다.

"『경국대전』(조선의 법전)에 명시하기를, 한 달 이자가 십분의 일 즉 일 할이 되는 것은 적법하오. 하지만 그건 짧은 기간일 때고 일 년 이자는 오 할을 넘지 못하오."

송보가 고 좌수를 쳐다보자 고 좌수는 씩씩대며 계약서를 펴서 쑥 내밀었다. 호방이 그것을 받아 송보의 탁자에 올려놓았다. 송보는 보지도 않고 밀쳐놓았다.

"민간의 사사로운 계약이 나라의 법을 앞설 수는 없소."

고 죄수가 알은체하며 소리를 질렀다.

"하지만『형전』에서는 해를 묵힌 빚은 갑절을 넘길 수 있다고 허용하고 있거늘 어찌 현감은 이걸 무시한단 말이오?"

"그것은『경국대전』속『형전』일 뿐, 후에 나온『속대전』은 십 년이 지나도 이자가 십이 할을 넘지 못하도록 규정하였소. 법은 마땅히 신법을 따르는 것이오."

이윽고 송보가 판결을 내렸다.

"『속대전』은 이자가 십이 할을 넘지 못한다고 규정하고 있고, 빌려준 기한이 오 년에도 미치지 못하므로 원금과 이자를 합하여 두 가마니로 판결하는 바이오."

고 죄수가 얼굴을 붉으락푸르락하며 삿대질을 하였다.

"아니, 이런 엉터리 재판이 어디 있나. 내가 관찰사 대감께 당장 고할 것이다!"

송보는 흥분하지 않고 조용히 말했다.

"그거야 맘대로 하시고. 형방, 민간에서 이자를 지나치게 받는 자는 어찌 처리하게 되어 있소?"

형방이 단호하게 말했다.

"곤장 여든 대입니다. 형틀을 대령할깝쇼?"

송보가 고 죄수에게 말했다.

"본관은 경험이 많지 않아 오직 나라의 법률을 따를 뿐입니다. 고 죄수께서도 잘못된 관례와 법을 오해하여 생긴 일 같은

데 이제 똑바로 알았으니 한고을 백성에게 덕을 베푸는 마음으로 법을 따르는 것이 어떻겠습니까? 그게 고을 어른의 도리 아니겠습니까?"

물론 고 좌수가 법을 몰라 그랬을 리는 없겠지만 송보는 그가 빠져나갈 구멍을 열어 주었다. 결국 고 좌수는 울며 겨자 먹기로 판결을 받아들였다.

"사또님, 고맙습니다!"

"고 좌수님, 고맙습니다!"

촌부들이 현감과 고 좌수를 함께 칭송하자 그때서야 고 좌수의 표정이 조금 누그러졌다.

아주 골치 아픈 형제간의 송사가 들어왔다. 남쪽 바닷가를 낀 산전면에서 제일가는 부잣집 일이었다. 육지에는 논밭을 합해 천석지기나 되고 고기잡이 배도 여섯 척이나 가진 선주였다. 그 재산을 형이 다 차지하여 알거지 신세가 된 동생이 재산을 나누어 주기를 청한 사건이었다.

"형제간의 송사는 참으로 민망하군요. 관내에서 이런 일이 벌어졌으니 본관의 덕이 부족한 탓입니다."

송보가 자책하자 형제는 무안하여 몸 둘 바를 몰라 했다. 송보는 부채를 펴서 얼굴을 가린 채 물었다.

"형님은 어찌하여 가난한 동생을 돌보지 않습니까?"

형이 말했다.

"아버님께서 유언하시기를 아우한테는 절대로 한 푼도 주지 말라고 하셨습니다. 그 말씀을 지키느라 그랬습니다."

"왜 그런 유언을 하셨을까요?"

"아우가 일하기를 싫어하고 술버릇도 나쁘니 필시 재산을 다 날릴 것을 염려하신 탓일 겁니다."

아우가 발끈했다.

"그건 제가 철없던 시절 이야기입니다. 지금은 처자식도 있는데 어찌 예전 같겠습니까. 부디 제게도 재산을 나누어 주도록 판결해 주십시오. 부지런히 논밭을 일구고 고기잡이도 하겠습니다. 그러나 지금은 밭 한 뙈기 없고 집조차 남의 행랑에 세 들어 사는 신세입니다."

송보는 고민 끝에 형에게 말했다.

"형님은 재산을 나눠 주고 싶어도 부친의 유언을 지키느라 주지 못한다 이거지요?"

"예. 저도 아우가 미워서 재산을 주지 않는 건 아닙니다. 끼니가 떨어지면 가끔 도와주기도 합니다. 하지만 아버님의 유언을 어기면서까지 배나 논밭은 차마 주지 못하겠습니다."

송보가 다시 물었다.

"형님은 참으로 효자로군요. 그런데 효보다 중요한 게 뭔지 아십니까?"

형이 고개를 갸우뚱했다.

"제가 공부를 많이 하지는 못했으나 효가 천하의 으뜸이라는 건 알고 있습니다. 더 중요한 게 있습니까?"

송보가 고개를 끄덕였다.

"우애가 효보다 중요합니다. 세상에 효자가 우애하지 못하는 경우는 있어도 우애하는 형제가 효도하지 않는 경우는 없습니다. 우애는 부모님이 가장 바라는 것이니 실상 우애가 가장 큰 효도입니다."

"그래도 어찌 아버님의 유언을 어기겠습니까?"

송보가 빙그레 웃으며 말을 이었다.

"그대는 효자이니 부친의 재산을 물려받아서 잘 운영하여 크게 불리었겠군요?"

"예. 물려받은 것보다 세 배는 불리었습니다."

송보가 부채를 접으며 손바닥을 탁 쳤다.

"그럼 아버님으로부터 물려받은 재산은 고스란히 두고, 그대가 불린 것으로 아우에게 나누어 주면 어떻습니까?"

형이 놀라 눈을 둥그렇게 떴다. 지켜보던 아전들도 '아하!' 하고는 감탄했다.

"아, 그런 방법이 있군요!"

형이 아우를 돌아보며 말했다.

"여보게 아우, 지혜로운 사또님 덕분에 드디어 방법을 찾았

네. 이제 염려 말게. 내가 불린 재산을 먹고 살 만하게 나누어 줄 테니.”

형제는 서로 끌어안고 울다가 함께 송보에게 큰절을 올렸다. 지켜보던 아전들과 다른 구경꾼들도 박수를 쏟아 냈다.

송보는 강진 사람들이 억세고 거칠어도 무척 순수하다는 걸 깨달았다.

"저어, 드릴 말씀이 있사온데……."

이방이 퇴근 시간이 지났는데도 가지 않고 말꼬리를 잡고 길게 끌었다.

"무슨 일인지 말해 보시오."

"실은 고 좌수께서 밤에 은밀하게 사또님을 뵙자고……."

송보는 단호하게 거절했다.

"은밀한 만남에는 반드시 뒷거래나 음모가 따르는 법이고 그것이 아니더라도 의혹의 소문이 연기처럼 일어나는 법이오. 본관은 은밀하게 사람을 만나지 않는다고 전하시오."

이방은 그럴 줄 알았다는 듯이 고개를 숙이고 물러갔다.

그런데 이틀 후 이방이 또 다시 같은 이야기를 꺼냈다. 전갈을 받은 고 좌수는 차마 말하기 힘든 집안 문제라며 만나 주기를 통사정한다는 것이었다. 딱한 사정이 있음을 알아챈 송보는 일과중에 현청에서 고 좌수를 만났다.

"말씀해 보시오."

고 죄수는 평소와 다르게 무릎을 꿇고 다소곳이 앉아 예의를 차렸다.

"일전에 형제간의 송사를 해결한 걸 듣고는 무척 놀랐소이다. 이토록 지혜로운 분인 줄 모르고 그 동안 결례가 컸습니다. 집안일이라 몹시 부끄럽지만 사또라면 지혜로운 판결을 하리라 믿고 말씀드리지요."

고 죄수의 집안에는 장가를 든 아들 둘이 한 지붕 아래 살고 있었다. 그런데 공교롭게도 큰며느리와 작은며느리가 동시에 아이를 가졌다. 두 며느리는 일찍이 딸을 하나씩 낳았는데 대를 이을 아들이 필요한 참에 다행히 둘 다 아들을 낳았다. 그런데 둘 중에 한 사람이 낳은 아이는 출산 직후에 죽었고 한 아이만 살았다.

"그런데 어떻게 된 일인지 한 아이를 두고 두 며느리가 서로 자기가 낳은 아들이라고 주장하니 대체 이 일을 어쩌면 좋겠습니까?"

거의 동시에 아이를 낳아 집안이 어수선한 틈에 아이가 바뀌었는지 며느리들이 오해를 했는지는 알 수 없는 일이었다. 그러나 분명 아이는 하나이고 생모는 둘이라 누가 진짜 생모인지 가릴 수가 없었다.

"이 사람이 삼대 독자인데 손자 대에 다시 독자가 대를 잇게

되었소. 한데 누가 생모인지도 모르는 판이니 이를 어쩌면 좋겠소? 혹 해결 방도가 없겠소?"

송보는 곰곰 생각하다가 대답했다.

"이것은 함부로 판단할 일이 아닙니다. 내일 밤에 은밀하게 댁으로 갈 테니 두 며느리와 그 아이를 죄수의 방에서 기다리도록 하세요."

이튿날 밤 송보는 미행복 차림으로 강돌이만 거느리고 고 좌수의 집으로 갔다. 고 좌수의 방에는 아이와 두 며느리가 대기하고 있었다.

"지금부터 판결을 시작하겠소. 이는 한 집안 형제간의 일이라 사실 누가 부모가 되어도 아이가 고 좌수의 핏줄인 것은 변할 수 없는 사실이오. 그러니 두 며느리 간에 시합으로 생모를 결정하겠소.”

송보는 강보에 싼 아이를 방 한가운데 놓고는 명했다.

"먼저 달려가 아이를 안고 가는 사람이 생모인 것이오. 자, 시작!”

눈을 빛내던 큰며느리가 득달같이 달려들어 거칠게 아이를 낚아챘다. 작은며느리는 망설이다가 아이를 싼 강보만 만지고는 그만이었다. 눈에는 눈물이 그렁그렁했다.

그 정황을 세밀하게 살펴본 송보가 판결했다.

"아이의 생모는 작은며느리입니다.”

"어째서 그러하오?”

고 좌수가 턱 밑에 다가와 물었다.

"큰며느리는 아이를 낚아채고 다루는 데 거침이 없고 눈빛이 매서웠소. 그것은 자신의 아이가 아니기 때문에 오직 욕심에서 나온 행동이오. 반면 작은며느리는 아이가 다칠까 봐 제대로 손도 대지 못했소. 왜 그런지는 좌수께서도 아시겠지요?”

고 좌수의 눈꼬리가 실룩 올라갔다.

"네가 내 재산을 차지하려고 작은아기의 아이를 가로챘구나! 참으로 고약하도다! 당장 큰아기를 친정으로 내쫓아라!”

일이 정리되자 고 좌수는 송보의 두 손을 잡고 매우 고마워

하였다.

"그 동안 제가 큰 무례를 범하였습니다. 앞으로는 사또의 다스림에 충실히 따르고 도움이 되도록 하겠습니다. 저희 집안을 구원해 주신 바나 다름없으니 말씀만 하십시오. 원하는 건 뭐든지 들어드리겠습니다."

"아무것도 원하는 건 없습니다. 그저 좌수께서 덕망 있는 어른이 되시는 걸 보면 좋겠습니다."

고 좌수는 깊이 허리를 숙이며 부끄러워하였다.

제10장 공전

공사는 백성을 위한 것부터 하라

　봄부터 가뭄이 길어 걱정이더니 과연 예감이 들어맞았다. 가을 초입에 사나운 태풍이 불어닥쳤다. 추석을 열흘 앞둔 날 몰아친 태풍은 전례 없이 거칠었다. 비도 많았고 큰 나무를 뿌리째 뽑을 만큼 바람도 거셌다.

　사흘 동안 비바람은 현 전체에 큰 피해를 발생시켰다. 남포를 비롯한 바닷가의 선착장이 대부분 부서졌고 뒤집혀 가라앉고 부서진 배도 많았다. 지붕이 날아가거나 폭삭 주저앉은 집도 있어 동네마다 이재민이 발생했다. 곳곳에 산사태가 나고 길도 끊어졌다. 향청에는 은행나무가 넘어져 지붕이 내려앉았다. 관아의 솟을대문이 날아갔으며 지붕의 기와가 여기저기 뜯

겨져 비가 줄줄 샜다. 사흘째는 간신히 바람은 그쳤지만 장대비는 여전히 쏟아부었다.

"세상에 그 동안 갖은 태풍을 겪어 보았지만 이처럼 혹독한 건 처음일세. 전쟁도 이보다 심하진 않을 거야."

"아유, 대체 어디서부터 손을 봐야 될지……."

육방 관속이나 향청의 별감들도 어쩔 줄 몰라 갈팡질팡이었다. 송보도 무엇부터 손을 써야 할지 감이 잡히지 않았다. 피해 조사를 나갔던 공방과 형방이 동시에 달려와 아뢰었다.

"의창(평소에 곡식을 저장했다가 기근이 닥쳤을 때 나누어 주기 위한 창고)의 지붕이 날아가 창고 안에 물이 가득 찼습니다."

"의창 옆 옥사의 담이 무너지고 건물도 부서졌습니다. 죄인들이 탈옥하지 못하도록 빨리 조치해야 합니다."

보고를 받았으나 아직도 비가 내리니 대처할 길이 없었다. 송보가 전전긍긍하고 있을 때 마침 백 선비가 도롱이(짚을 겹겹이 엮어 만든 우의)를 쓰고 관아로 들어섰다.

"어서 오십시오, 대체 어디부터 일을 풀어 가야 할지."

백 선비는 평소보다도 더 태연하게 말을 풀어 갔다.

"수령이 허둥대면 아전들도 허둥거립니다. 기준을 명확히 잡고 하나하나 대처하십시오. 수령의 기준은 한결같이 백성에 두면 됩니다."

백 선비는 송보의 의자 옆 벽에 걸린 현 지도를 짚었다. 주요 길목과 다리를 가리켰다. 뜻을 알아챈 송보가 명을 내렸다.

"우선 길이 끊어진 곳부터 잇고 발 빠른 자를 골라 각 고을로 보내 피해 상황을 정확하게 파악하라!"

비는 다음 날에야 그쳤다. 육방 아전이 모이자 송보에게 피해 상황을 보고했다.

"바닷가 마을은 마량을 빼고는 무사한 곳이 하나도 없다고 합니다."

"마량은 바다에 가장 가까운 포구인데 어찌하여 무사하단 말이오?"

"그게 평소에 사또 말씀을 잘 새겨듣고 따른 덕분이지요. 오 군관이 방풍림용 나무를 더 촘촘하게 심고 북(식물의 뿌리를 싸고 있는 흙)을 듬뿍 주어 잘 가꾸었답니다. 그랬더니 가지와 잎사귀가 더욱 무성하게 자라 태풍과 파도로부터 마을을 지킨 게지요."

"오 군관은 벌써 병사들과 인근 마을의 피해를 복구하고 있다고 합니다."

"흠, 역시……."

송보는 공방에게 무슨 일부터 처리해야 할지 물었다.

"길이 끊어진 곳은 대충 이었으니 우선 백성을 모아 부서진 관아부터 수리해야겠습니다."

송보가 손을 내저었다.

"아니오. 내 발등에 불이 떨어졌는데 백성이 어찌 관아부터 돌본단 말이오. 민간에서는 사상자도 나고 재산 손해도 클 텐데 관아에서 먼저 그들을 돌보아야 할 것이오."

송보는 아전들을 거느리고 남문 근처 감옥으로 갔다.

부서진 감옥에서 죄수들은 흠뻑 젖은 채 불만 가득한 표정으로 눈을 뒤룩거렸다. 포교와 포졸들이 창칼로 위협하며 감시하는 것이 마치 전쟁터 같았다.

송보는 우선 창칼을 거두게 하고는 죄수들을 향해 말했다.

"감옥이 부실하여 비바람에 무너지게 해서 정말 미안하오. 그대들이 비록 죄인이나 이 나라의 백성인데 수령이 잘 살피지 못해 일어난 일이니 내 죄가 큽니다."

예상치 못한 현감의 사죄에 아전들이 당황했고 죄수들은 의아해하였다.

"지금은 전쟁처럼 비상 상황입니다. 죄인도 전쟁에 참여하여 공을 세우면 벌을 줄여 주는 법입니다. 여러분도 태풍으로 부서진 고을을 재건하는 데 힘을 보탠다면 가족의 품으로 가는 날을 당기도록 할 것이오. 그대들은 지금부터 죄수가 아니라 전쟁터의 병사나 다름없습니다. 힘을 보태겠습니까?"

죄수들의 눈빛이 부드럽게 풀리고 주먹을 쥐며 의욕을 보였다. 송보가 부임하자마자 죄수들의 처우를 개선하여 인심을 얻은 효과가 나타났다.

"형방은 먼저 이들에게 마른 옷을 주고 따뜻한 밥을 먹이시오. 그런 다음 재건이 급한 고을부터 달려가서 함께 일하도록 하시오."

이방이 물었다.

"일에는 순서가 있을 것인데 무슨 일부터 하오리까."

송보가 차근차근 일러주었다.

"이미 부서진 것은 차차 고치기로 하고 다급한 것은 곧 추수할 쌀이오. 논마다 물이 가득 고이고 다 익은 벼들이 잠겨 있으니 속히 물을 빼서 벼부터 살리시오. 그런 다음 부서진 집을 일으켜서 한가위 차례를 지낼 수 있도록 해 주시요. 부서진 선착장은 한가위 후에 보수하고 부서진 관아 공사는 백성들의 추수가 끝난 다음에 해도 늦지 않을 것이오. 내가 속속들이 둘러볼 테니 속히 시행하시오!"

이참에 송보는 이방에게 한 가지 더 명을 내렸다.

"오늘 부로 고 좌수의 직무 정지를 푸니 어려운 시기에 힘을 보태도록 하라고 하시오."

집안 송사 문제를 해결해 준 다음부터 고 좌수의 태도는 많이 바뀌었다. 종들에게도 함부로 하지 않고 감영으로 청탁을 넣거나 뇌물을 뿌리는 행위도 하지 않았다. 그래서 어려운 때에 고을 유지로서 역할을 할 기회를 준 것이었다.

"누구 명인데 따르지 않겠나. 감사하다고 전해 주시게."

이방에게 좌수의 인수(도장)를 돌려받은 고 좌수는 흔쾌히 나서서 수해 복구를 도왔다.

병사들과 죄수들을 동원한 덕분에 물에 잠긴 벼들을 거의 구했다. 무너진 집도 빠르게 재건되었고 길은 더욱 넓고 곧게 뚫렸다.

"그래도 이만하면 풍년인 게지. 다 우리 사또님 덕분이야."

무사히 한가위를 지내고 추수까지 끝낸 백성이 풍년가를 불렀다. 언제 태풍이 쓸고 갔나 싶게 복구가 잘 되었던 것이다. 그러자 백성이 앞다투어 관아를 수리하러 나섰다.

"관아 수리를 하는 데 백성의 돈을 걷어서는 안 될 것이오. 그들은 단지 부역을 해주는 것만으로도 고마운 일이오."

공방이 손사래를 쳤다.

"그건 말도 안 됩니다. 재료비는 물론이고 일꾼들의 밥값만도 족히 쌀 백 섬은 필요할 것입니다. 수재를 입은 백성에게 쌀을 내주어 현청의 곡간이 텅 비었습니다요."

"고을의 재정을 사용하고 감영에 도움을 요청하세요. 최대한 간소하게 하여 비용을 아끼십시오. 태풍을 맞은 백성에게 돈을 걷는 건 절대 안 됩니다."

이렇게 송보가 조치했으나 감영에서는 도와줄 수 없다는 전갈만 보내왔다.

낭패였다. 송보는 품속의 쪽지를 꺼내 보았다. 꼭 한 번은 도와주겠다고 한 임금께 도움을 청할까 싶은 마음이 꿀떡같이 일었다. 하지만 언제 한양까지 소식을 전해 답을 받는단 말인가. 게다가 이런 근심을 임금께 끼칠 수는 없었다. 아전들이 발을 동동 구를 때 고 죄수가 찾아왔다.

"모두 어려우니 제가 조금이라도 도와 드리고 싶습니다."

한껏 예의를 갖춘 고 죄수의 태도에 송보가 두 손을 잡아 주었다.

"고맙습니다. 큰 힘이 될 겁니다."

고 죄수는 창고를 열어 쌀 백 섬을 내놓았다. 그 덕분에 현청 복구 작업은 빠르게 진행되었다. 죄수들도 팔을 걷어붙이고 나서 도왔다.

송보는 죄수들 가운데 뛰어난 손재주를 가진 사람들을 눈여겨보았다. 집을 수리하는 목수와 기와를 잘 구워 내는 와공, 돌을 잘 다루는 석공, 그리고 농기구를 척척 만들어 내는 대장장이도 있었다. 솜씨 있는 자를 발굴해 활용하는 것도 수령의 중요한 능력이었다.

송보는 죄수들이 일할 때 적지만 일당을 주도록 했다. 그렇게 하니 겨울이 오기 전에 현청과 옥사가 새로 단장한 듯 말끔하게 되었다. 하지만 옥사는 거의 비고 말았다. 몇몇 흉악범을 제외한 대다수가 죄를 탕감받고 가족의 품으로 일찍 돌아갔기 때문이었다.

이제 남은 일은 이용심을 잡는 것뿐이었다. 가을걷이가 끝나자마자 고광택은 매일같이 사령을 보내 닦달해 댔다.

"그러게 왜 기한을 약정하셔서 이 닦달을 받으십니까?"

"대체 어떻게 이용심이 스스로 나오게 한다는 것입니까?"

형방도 배 군관도 아무리 머리를 짜내도 답이 없다고 푸념만 해댔다.

송보는 붓을 들어 방을 썼다.

마량 사람 이용심에게 알린다.
그대는 천성이 착하여 이웃의 어려움을 외면하지 않았고
또한 의로워서 불의에 대해 참지 않은 것을 알고 있다.
하지만 끝내 숨어 지낸다면 영원히 죄인이 될 것이고
죄인이 아니라면 스스로 관아로 나오라.
그대가 떳떳이 고개를 들고 나타난다면
오직 엄정한 법의 심판만을 받을 것이다.

"이 방을 사대문 안팎에 붙이고 각 면마다 보내시오."

방을 읽어 본 배 군관은 웃음을 감추지 못했다. 아전들도 기가 막히다는 듯이 혀를 빼물고 고개를 가로저었다.

"사또, 지금 병정놀이 하자는 겁니까. 이렇게 해서 잡힐 범인이 세상에 어디 있습니까?"

"이용심이 이 방을 보면 사탕발림 속임수라며 웃고는 더 멀리 도망치겠습니다."

형방은 초조해하며 방을 들고 발을 동동 굴렀다. 자신에게 떨어질 고광택의 불호령을 생각하니 겁부터 나는 모양이었다. 배 군관 역시 무사하지 못하리란 생각에 안절부절이었다.

"이용심은 분명히 멀지 않은 곳에서 지켜보고 있을 테니 방을 보기만 하면 바로 나올 것이고, 멀리 떨어져 있다면 다소 늦게 관아로 출두할 것이오."

모두들 고개를 홰홰 저었다. 그러자 송보가 눈을 빛내며 제의했다.

"그럼 나하고 내기를 합시다."

배 군관과 아전들이 귀를 솔깃하여 들었다.

"빠르면 닷새 이내, 늦어도 열흘 이내로 이용심이 관아로 찾아올 것이오. 그리 되면 배 군관과 형방은 전임 현감의 명에 따라 거짓으로 기록한 것들을 바로잡고……."

"안 나타나면요?"

"모든 책임을 내가 지고 문서를 조작한 그대들의 잘못을 묻지 않겠소. 내기를 하겠소?"

송보가 배 군관과 형방을 번갈아 쳐다보았다.

"에라 좋소. 까짓것 그리하겠습니다."

배 군관이 제의를 받아들이자 형방도 동참했다.

방이 거리에 나붙자 강진 사람들은 하나같이 코웃음을 쳤다. 어린 현감이 세상 물정을 너무 몰라 우스꽝스런 일을 벌인다는 거였다. 이 사실을 안 고광택은 천장에 구멍이라도 낼 듯이 펄펄 뛰었다.

"겨우 이런 장난질을 하려고 그토록 큰소리쳤단 말이야. 그 어린놈이 나를 희롱하는구나. 어디 두고 보자!"

고광택은 군관을 보내 송보를 나주로 끌고 가려고 했다. 하지만 송보는 따르지 않았다. 대신 열흘 내로 이용심이 나타나지 않는다면 스스로 오라(도둑이나 죄인을 묶을 때에 쓰던 붉고 굵은 줄)를 지고 나주로 가겠다고 했다.

방을 붙인 지 사흘이 지났다. 이용심은 나타나지 않았다. 하지만 송보는 그를 믿었다. 이용심은 송보를 지키고자 목숨까지 걸었던 사람이었다. 그런 사람에게 자신도 모든 걸 걸어도 된다고 생각했다. 모두들 비웃었으나 송보는 이용심 같은 사람에겐 이 방법이 통할 거라고 믿었다.

방을 붙인 지 닷새째 되는 날, 우렁찬 목소리가 현청을 흔들었다.

"마량 사람 이용심, 현감 나리를 뵈러 왔습니다."

송보는 고개를 끄덕이며 웃음을 지었다.

"저, 저놈을 잡아 묶어라!"

형방의 명에 따라 사령들이 이용심을 포위했다.

송보의 까랑까랑한 목소리가 터져나왔다.

"멈춰라! 이용심은 아직 죄인이 아니다. 오늘과 내일 조사하여 모레 정오에 판결할 것이다."

이용심은 정식대로 조사를 받았다. 모든 것은 고광택의 학정에서 비롯된 일이었고 이용심은 그것에 대해 강력히 항의한 것뿐이었다. 기물을 부순 것도 재물을 훔친 것도 아니었다. 조사 끝물에 송보가 물었다.

"방을 보고 의심하지 않았소?"

이용심이 대답했다.

"추호도 의심하지 않고 바로 달려왔습니다. 어떤 현감이 오시는지 율정에서부터 살펴보았는데 다산 선생님을 기리는 글을 보고 믿을 만한 분인 걸 알았습니다. 그리하여 다산 초당에서도 검객과 맞선 것입니다."

조사를 끝낸 송보는 배 군관과 형방에게 약속 이행을 촉구했다.

"이제 그대들이 약속을 지킬 차례요."

두 사람은 서로 눈치를 보며 머뭇거렸다. 송보는 그들에게 수북하게 쌓인 서류를 보여주었다. 고광택의 학정과 이용심 사건에 대한 사실 확인서들이었다. 당시 관아 재물을 고광택이 빼돌린 정황도 신임 호방과 함께 확보해 놓았다.

"아하, 그럼 그 방이 이용심을 잡으려는 계략이 아니라 진심이었군요!"

예방이 무릎을 치자 그때서야 아전들도 송보의 진심을 헤아리고 고개를 끄덕였다. 배 군관과 형방은 기꺼이 당시 수사의 잘못된 점과 거짓을 강요받은 상황을 사실대로 적었다.

송보는 판결문까지 작성한 후에 조정에 보내는 장계(보고서)를 썼다. 그리고 임금께 따로 짧은 상소를 올렸다.

전하, 저를 한 번 도와주실 기회가 바로 지금입니다.
강진현의 이용심 사건을 굽어 살펴 주시옵소서.

이렇게 고광택을 옭아맬 모든 준비를 끝냈을 즈음 백 선비가 찾아왔다.

"이용심은 어디 있습니까?"

"죄인이 아니라서 객사에 머물게 했습니다."

"파수꾼은 세우셨습니까?"

"죄가 없으니 도망도 안 갈 텐데, 굳이……?"

송보가 의아한 표정을 지었다.

"이용심이 오늘 밤 사라지거나 죽는다면 모든 게 물거품이 됩니다."

백 선비의 말에 송보는 뒤통수를 홍두깨에 맞은 듯 놀랐다.

"오 군관을 데려왔으니 파수를 세우고 제가 이용심과 같이 자겠습니다."

송보는 백 선비의 두 손을 덥썩 잡았다.

"중요한 걸 빠뜨렸는데 정말 고맙습니다."

과연 백 선비의 예감은 틀리지 않았다. 자정 무렵 객사 지붕을 뚫고 검은 복면을 한 괴한이 침투했다. 방으로 소리도 없이 뛰어내린 괴한이 칼로 이불을 걷어 냈다. "퍽!" 순간 날쌘 발길질이 칼을 걷어찼다. 이용심인 척하고 누워 있던 백 선비였다. 칼을 놓친 괴한이 단검을 뽑아 들고는 어지럽게 휘저었다. 뒤로 밀리던 백 선비가 허공으로 뛰어올라 돌려차기를 날렸다.

"하앗!"

괴한이 피하자 우지끈 문짝이 떨어져 나갔다.

"한밤에 이렇게 소란스럽게 하다니, 형님답지 않구료."

밖에 있던 오 군관이 들어오며 장검을 뽑아 들었다.

당황한 괴한이 단검을 던졌다. 오 군관이 몸을 틀어 피했다. 그 틈에 괴한이 쏜살같이 몸을 날렸다. 하지만 곧 둔탁한 소리와 함께 고꾸라지고 말았다. 백 선비가 던진 목침에 뒤통수를 맞은 것이었다.

"이놈, 어디 얼굴 좀 보자. 누가 시켰느냐?"

오 군관이 괴한의 옆구리를 걷어찬 후에 가슴팍을 밟고 복면을 벗겼다. 그러자 괴한은 품에서 무언가를 꺼내 삼켰다. 곧 괴한의 입에서 피거품이 일더니 숨이 끊어지고 말았다.

"다산 초당 길의 그놈이군요."

벽장 속에 숨어 있던 이용심이 나와서는 말했다.

"누가 보냈을까요?"

오 군관의 말에 백 선비가 대답했다.

"뻔하지 않나. 지금 가장 속이 타는 자겠지."

날이 밝자 관아는 백성들로 빽빽하게 들어찼다. 일속산방에서 나온 황상 선생과 그의 아들도 백 선비와 나란히

서 있었다. 다신계의 윤 선비, 고 좌수와 별감들도 한껏 긴장한 표정이었다. 백성들 중 마량 사람이 가장 많았다. 담장 위로도 빨랫줄에 앉은 참새 떼처럼 머리를 내민 사람들로 즐비했다.

현청의 관속들이 다 늘어선 가운데 이용심은 판결을 기다렸다. 새벽에 일찌감치 장계와 상소를 파발로 띄운 송보는 판결문을 읽기 위해 자리에서 일어섰다.

그때 대문간이 소란스럽더니 한 무리가 거칠게 들이닥쳤다. 고광택이 부랴부랴 달려온 것이었다. 송보는 일단 예를 갖춰

상관을 맞아들였다. 대청으로 올라온 고광택은 좌중을 훑어보고는 의자에 앉았다.

"꿩 잡는 게 매라더니, 하여튼 잡긴 잡았으니 약속은 지킨 셈이군. 어디 판결을 해 보게."

고광택은 송보를 노려보며 지휘봉으로 판결하라는 지시를 했다. 자신에게 불리한 판결을 하면 언제든지 가로막겠다는 듯 지휘봉으로 손바닥을 척척 쳐댔다.

송보가 우렁찬 소리로 판결문을 읽어 내려갔다.

"마량 사람 이용심의 관아 항의 사건에 대해 판결한다."

판결문 서두가 흘러나오자 고광택이 불만스럽게 고개를 갸웃거렸다.

"고작 항의 사건이라고?"

시간이 지날수록 고광택의 얼굴이 붉으락푸르락 변했다. 이용심의 무죄가 드러나면서 고광택의 죄는 눈덩이처럼 불어났다. 고광택은 자리에서 일어섰다 앉았다 안절부절이었다.

"목민관들이 함부로 백성을 못 살게 구는 것은 백성 중에 이용심 같은 자가 없기 때문이다. 진실로 모든 백성이 이용심 같다면 수령들은 두려워서 함부로 백성을 괴롭히지 못할 것이다. 그렇게 된다면 감찰관이 왜 필요하며 암행어사가 왜 필요하겠는가. 이용심과 같은 자는 나라에서 천금을 주고라도 사야 하며 표창을 내려야 마땅하다!"

이윽고 송보의 최종 판결이 터져 나왔다.

"이용심을 무죄 방면한다!"

순간 이용심이 그 자리에 무릎을 꿇으며 송보에게 큰절을 했다. 마량 사람들은 환호성을 내질렀다.

"명판결이오!"

담장 너머에서 쳐다보던 백성들이 박수를 쏟아 냈다.

송보는 마루에서 내려가 이용심의 어깨를 두드리고 손을 잡아 일으켰다. 그러자 다시 한 번 큰 박수와 함성으로 현청이 온통 떠나갈 듯했다.

"엉터리야! 이건 무효야!"

판결을 부정하는 이는 고광택 하나뿐이었다.

"나주로 끌고 가서 다시 조사하고 다시 심판할 것이다!"

고광택은 자신의 군관과 나졸들에게 지시했다.

"뭣 하느냐. 속히 죄인을 포박하여 끌고 가지 않고!"

송보가 소리쳤다.

"여기는 나의 관내요. 누구도 내 허락 없이는 참새 한 마리도 잡아갈 수 없소!"

고광택이 이를 뿌드득 갈며 송보의 뺨이라도 칠 기세였다.

"이 새파란 놈이, 감히, 감히, 내게……!"

송보가 버럭 고함을 질렀다.

"목사, 부끄러운 줄 아시오! 속히 돌아가서 나라의 처분이나 기다리시오!"

백성들이 '옳소!'를 연발하며 고광택에게 손가락질해댔다.

"감히 나를 상대로 수작질을 해. 어디 네놈 뜻대로 되나 두고 보자. 가소로운 놈."

고광택은 송보에게 주먹을 불끈 쥐어 보였다. 송보는 가볍게 웃으며 목례를 했다. 어서 가라는 인사였다. 고광택은 말에 올라 뒤도 안 돌아보고 사라졌다.

한 달 후, 고광택은 파직되어 함경도 가장 깊은 골짜기 삼수갑산으로 삼천 리 유배 길을 떠났다. 임금의 지시에 의해 사헌부에서 엄하게 조사하고 벌을 내린 것이었다.

"전하, 성은이 망극하옵니다!"

송보는 관복을 차려 입고 대궐이 있는 북쪽을 향해 큰절을 올렸다.

제11장 진황

기근은 미리 대비해야 한다

설이 지나고 매화가 꽃봉오리를 부풀리는 겨울 끝 무렵이었다. 송보는 미행복 차림으로 백 선비와 더불어 일속산방을 찾았다. 사람이 오는 기척을 알아채고 황상 선생이 방문을 열고 나왔다.

"언제 산방 집들이에 불러 주시나 기다리다가 그냥 찾아왔습니다."

송보의 인사에 황상 선생이 손을 잡으며 반겼다.

"아하, 지난 가을은 워낙 경황이 없어 집들이 약속도 못 지켰는데 마침 잘 오셨군요. 안 그래도 사람을 보낼 참이었습니다. 어서 들어오세요."

댓돌에 놓인 가죽신을 발견한 송보의 가슴이 두근거리기 시작했다.

'설마 그분이?'

짐작한 대로였다. 방 안에 신선처럼 앉은 노 선비는 바로 추사 선생 김정희였다. 추사 선생은 황상 선생의 시에 반하여 서로 벗 삼아 지낸다고 했다. 또한 다산 선생의 차남인 정학유 선생과 친구라니 더욱 반가웠다.

"불초한 후학이 선생님을 뵈니 영광입니다."

송보가 기꺼이 절하고 말했다.

"다산 선생님의 환생 같다더니 과연 그렇구료. 이렇게 만나 반갑소이다."

"말씀을 낮추십시오. 아득한 후학이고 손자뻘입니다."

근엄하고 단호한 글씨체처럼 추사 선생의 목소리는 결기가 있었다.

"아니오. 그래도 현감은 이 지역 백성의 어버이니 그래서는 안 되지요."

이제 일속산방은 처음 구상한 대로 완전한 모양을 갖추었다. 자그마한 두 개의 책장에는 책이 즐비하고 탁자에는 종이가 펼쳐져 있고 묵향이 은은했다. 추사 선생이 내부 장식을 위해 그림을 그리고 글씨를 써서 붙였다고 했다.

"우아, 이것은 세계 지도가 아닙니까."

백 선비가 새로운 것을 발견했다. 말로만 듣던 만국여전도였다. 추사 선생이 집들이 선물로 구해 온 거라고 했다. 송보는 탄성을 내지르며 시를 읊듯이 말했다.

　"좁쌀 한 알 속에 온 우주가 들었으니 일속산방이 실로 천하보다 큽니다."

　근엄한 추사 선생의 표정에 웃음이 그려졌다. 대사성과 판서 벼슬까지 지낸 추사 선생은 몇 번의 유배 끝에 벼슬에서 놓여나 삶을 정리하는 여행을 하는 중이라고 했다.

　황상 선생이 산방의 내력을 설명했다.

　"산방의 모습과 구조는 다산 선생님께서 생전에 일러준 대로 만든 거라오."

　스승의 유명(죽은 사람의 가르침)을 극진하게 따르는 제자의 모습에 송보는 깊은 감동을 받았다.

　그때 백 선비가 방문을 열었다.

　"마침 눈이 오시는군요."

　누가 먼저랄 것도 없이 모두들 마당으로 나갔다.

　손바닥에 내려앉는 눈송이가 매화 꽃잎 같았다. 송보는 북쪽을 바라보았다. 눈 속에도 환하게 필 듯한 연꽃 한 송이가 떠올랐다. 연지 아씨, 그 얼굴을 떠올리니 송보는 자신도 모르게 웃음이 그려졌다.

　명절과 계절마다 한양 집으로 강돌이를 보낼 때 연지 아씨와 주고받은 편지와 시도 벌써 꽤 여러 장이 되었다. 설을 맞아 심부름을 보낸 강돌이가 이번에는 어떤 답장을 받아 올지 생각하면 가슴이 왈랑거렸다.

**내 얼굴에 연꽃 벙글 듯 웃음이 그려지는 건
누군가 내 안에서 꼭 그렇게 웃고 있기 때문이네.**

송보의 입에서 시 한 수가 흘러나왔고 황상 선생이 박수를 쳤다.
"현감의 정인이 연꽃을 닮은 모양이오."
속내를 들킨 송보의 얼굴이 짐짓 달아올랐다.
바로 그때 새로운 손님이 일속산방으로 찾아들었다. 머리가 허연 노인과 송보 또래의 소년이 눈 내리는 고샅길을 돌아 나타났다. 소년은 어깨가 동그마니 작고 얼굴도 뽀야니 갸름했다.
"아유 형님, 지금 오십니까?"
황상 선생이 아이처럼 좋아하며 사립문 밖까지 뛰어나가 반겼다.
"어서 오십시오, 제가 하루 먼저 도착했습니다."
추사 선생이 가볍게 고개를 숙였다.
"늘그막에 말 타는 것이 쉽지 않아 더 늦을 뻔했는데 이 아이가 하도 재촉하여 그나마 제때 온 것 같군 그래."

노인은 타고 온 말은 살림집에 묶어 두었다며 따라온 소년을 앞으로 디밀었다. 어쩐지 낯이 익은 소년이 황상 선생과 추사 선생에게 가볍게 목례를 했다. 그러고는 송보를 향해 엷은 웃음을 던졌다. 송보도 슬쩍 웃음을 지어 주었다. 소년과 눈을 마주친 송보는 이상하게도 가슴이 두근거리기 시작했다.

"자자, 들어가서 제대로 인사를 나누세."

방으로 들어온 소년은 황상 선생과 추사 선생에게 절을 올렸다. 그런데 여자 품새로 반절을 하는 게 송보는 의아했다.

노인은 다산 선생의 장남 정학연 선생이었다. 다산 선생이 회갑연을 맞았을 때 여유당으로 찾아간 황상 선생은 지성으로 스승을 모셨다.

그 며칠 뒤 다산 선생이 돌아가자 장례까지 정성껏 치렀다. 그리고 다시 십 주기를 맞아 황상 선생은 다시 마재로 가서 제사에 동참했다. 그에 감동한 정학연 선생은 황상 선생과 의형제를 맺고 자손 대대로 의리를 지키기로 맹세하였다고 했다.

"감히 다산 선생님의 제자를 자처한 송보입니다. 절 받으십시오."

송보는 벌떡 일어나 절했다. 정학연 선생은 허연 수염을 가다듬으며 기꺼이 절을 받고는 흡족하게 웃으며 말했다.

"자, 두 사람도 구면일 테니 인사를 나누게."

그 말에 송보는 소년의 얼굴을 다시 보았다. 분명 낯이 익은

데 이름이 떠오르지 않았다. 그때 소년이 발간 입술을 열어 말했다.

"소녀 연지입니다. 놀라게 해서 송구합니다."

송보는 심장에 맷돌 떨어지는 소리가 '쿵!' 났다. 먼 길에 말을 타고 오느라 남장을 했다는 것이었다.

"자네는 왜 남의 손녀에게 허락도 없이 서찰을 보내 이 천리 먼 곳까지 오게 하는가?"

얼굴이 아침 해처럼 발갛게 달아오른 송보는 답을 찾지 못해 그저 고개를 숙일 뿐이었다.

"집안에서 이 아이의 짝을 찾아 주려 하는데 한사코 다산 초당에 다녀온 다음에야 결정하겠다고 고집을 부리지 뭔가. 알고 보니 이런 대장부를 숨겨 두고 있었던 게지. 자, 이제 결정할 수 있겠느냐?"

조부의 말에 연지 역시 얼굴이 달아올라 고개를 숙이고만 있었다.

"형님, 저렇게 군불을 땐 듯 달아오른 사람이 둘이나 있으니 방 안이 더워서 견딜 수가 없습니다. 두 사람을 시원하게 눈 내리는 마당으로 내보내시지요?"

일속산방 주인의 말에 호탕한 웃음소리가 울려 퍼졌다.

송보와 연지는 쫓겨나듯 밖으로 나왔다. 두 사람은 마주치면 고개를 돌리고 그러다가 금세 또 마주보고 웃곤 했다. 그러면서 공연히 함박눈을 맞으며 일속산방과 살림집 사이의 고샅길을 몇 번이나 왕복했다. 송보는 눈을 밟는 것이 마치 구름을 밟는 것만 같았다.

이튿날 송보와 연지는 함께 다산 초당으로 갔다. 두 사람은 동암에서 차를 마시고 백련사까지 오가며 눈 속에서 피어난 동백을 감상했다.

송보의 가슴은 이미 흐드러진 봄이었다. 매화도 동백도 한껏 벙글고 연꽃까지 피어 향기가 온몸에 가득 찬 듯했다. 그 여운은 연지가 떠난 지 한 달이 넘도록 남아 있었다.

봄 가뭄이 심상치 않았다. 곡우에도 비가 오지 않고 기온은 예년보다 높아서 덥고 마른바람이 자주 불었다.

"작년 여름 끝에 비가 지나치게 많이 왔으니 올해는 가뭄이 닥칠 가능성이 큽니다. 장차 닥칠 기근에 대한 대처는 준비만이 최선입니다. 여기는 해안 지역이라 농작물이 적으니 해산물로 대비하는 게 좋겠습니다."

송보는 아전들과 향청의 좌수와 별감에게 미리 기근에 대비할 것을 명했다. 강진현 백성들은 더 이상 송보를 꼬마 현감이라고 얕잡아보지 않았다. 아전들은 군소리 없이 따랐고 백성들은 송보를 '명판관 강진 현감'이라며 엄지를 치켜세웠다.

다행히 날씨는 좋았다. 굴, 홍합, 피조개, 미역, 다시마, 전

복, 소라 등 모든 해산물을 쨍쨍하고 건조한 날씨에 잘 말려서 통풍이 잘 되는 곳에 저장하도록 했다. 오징어, 문어, 한치는 물론 멸치까지 바싹 말려 저장했다. 대구, 고등어, 돔, 방어 같은 살점이 많은 생선들은 포를 떠서 말렸다.

산촌에서는 취나물, 참나물, 도라지, 더덕, 고사리를 뜯어 말렸고 소나무 새순은 빻아 떡을 만들어 먹도록 했다. 특히 산골짜기에 널려 있는 칡을 캐서 가루로 빻아 두도록 했다. 칡은 전염병 예방에도 좋고 약 재료로 쓰임새가 많기 때문이었다.

"이십여 년 전 기근이 닥치고 전염병이 돌았을 때 남해안의 여러 섬 가운데 보길도만이 짱짱하게 괜찮았소. 그건 보길도 사람들이 평소에도 칡을 양식으로 삼았던 덕분이었소."

송보의 설명에 아전들은 혀를 내두르며 놀라워했다.

"대체 사또의 나이는 가늠할 수가 없습니다. 대체 어떻게 그런 것까지 아십니까?"

송보는 씩 웃기만 했다. 기근에 대한 대비는 『목민심서』에 잘 나와 있고 칡에 대한 건 백 선비에게 들었다.

과연 가뭄은 만만치 않았다. 지난해 저수지를 잘 관리한 덕분에 가까스로 모내기는 하였으나 고지대의 다랭이논에는 물도 대지 못하고 호미모(마른 논을 호미로 구멍을 파서 모내기를 함)를 심어야 했다. 보리밭은 채 익기도 전에 누렇게 타들어 갔다. 이는 전국적인 현상으로 대기근을 예고하는 것이었다.

마침내 저수지의 물도 바닥을 드러냈다. 송보는 고을마다 우물을 더 파게 하고 우물물은 식수로만 사용하도록 했다. 다행히 점수마을에는 파는 곳마다 물이 잘 나와서 읍내는 식수가 충분했다. 하지만 농작물에는 물을 댈 엄두를 내지 못했다. 하늘만 바라볼 수밖에 없었다. 이웃 장흥과 해남, 영암 등과 동시에 기우제도 지냈다.

"용용 죽겠지! 용용 죽겠지!"

도롱뇽 한 쌍을 잡아 물통에 넣고 마구 두드리며 놀려 댔다. 그리고는 솔가지를 태워 짙은 연기를 피우며 비를 내려 줄 것을 기원했다. 하지만 바싹 마른 하늘은 구름 한 점 보여 주지 않았다.

"농사는 하늘에 달린 것인데 하늘이 비를 주지 않으니 더 이상 어쩔 수가 없소. 이럴 때일수록 사람이 할 수 있는 일에 최선을 다해야 하오. 해산물로 건어물을 만드는 일에 모두 나서도록 재촉하시오."

맑은 날씨가 이어지니 소금 생산량을 늘리도록 염전에 일손을 더 보내 생산량을 늘렸다. 그리하여 소금과 해산물을 쌀이 많은 나주 지역에 내다 팔아 최대한 많은 쌀을 창고에 쌓아 두었다.

이렇게 만반의 준비를 했으나 걱정했던 일은 터지고 말았다. 보리를 수확할 때가 되었는데 모두들 손을 놓고 있었다. 보리가 알도 차지 않은 채 다 말라 죽었기 때문이었다.

"보리를 거둬야 쌀이 나올 때까지 먹고 살 텐데 우린 이제 다 굶어죽었네."

보릿고개보다 상황이 더 모질게 된 판이었다. 농부들은 하늘을 원망스레 쳐다보며 땅을 치고 울었다. 당장 환곡을 갚을 길이 없었다. 나라의 창고나 부자들의 개인 창고에서 쌀을 빌리고는 보리를 수확하면 갚곤 하는데 빚만 늘어난 것이다. 게다가 논도 거북 등처럼 말라만 가니 가을 추수도 제대로 될 리 없었다. 다른 지방에서는 먹을 물조차 모자라 오줌을 받아 먹는다는 소문까지 돌았다.

강진 사람들은 해산물과 말린 나물을 물에 불려서 쌀이나 수수 귀리 등을 한 줌씩 넣어 죽을 끓여 먹으며 버티었다. 송보는 자신의 밥상도 그렇게 차리게 하고는 아전들도 사치를 못하도록 주의시켰다. 그렇게 먹으면 얼굴이 누렇게 뜨고 병에도 걸리련만 넉넉하게 저장해 둔 칡과 해산물 덕분에 무난히 견딜 수 있었다.

기근이 심해지자 송보는 형방에게 특별한 명을 내렸다.

"이런 때는 백성이 사나워지고 다툼이 잦아지는 법이오. 자신과 식구가 굶게 되면 너도 나도 도적이 된다오. 그러니 형방은 사기꾼이나 자기 잇속만 불리려는 자는 엄하게 다스리고, 먹을 것으로 인해 일어나는 다툼이나 작은 도둑질은 좋게 타일러 무마하시오. 옥사의 죄인도 죄가 중하지 않은 자는 모두 내보내서 기근 극복에 힘을 보태도록 하시오."

송보는 고아나 절름발이, 과부, 장애자 같은 살기 어려운 사람들이 굶주리지 않도록 관곡을 미리 나누어 주었다. 이렇게 대처한 덕분에 강진 사람들은 그럭저럭 기근을 견디고 있었다.

단오가 지나고 유두가 지나도록 하늘은 비를 한 방울도 내려주지 않았다.

"그나마 사또의 선견지명 덕에 건어물을 충분히 준비해서 지금까지 버티었으나 앞으로가 문제입니다. 한 달 내로 충분한 비가 오지 않는다면 논의 벼도 다 타 죽을 것입니다."

이방이 제 속도 탄다면서 안타깝게 아뢰었다. 그때 호방이 호들갑스레 달려 들어와 보고했다.

"큰일났습니다. 산촌 사람들이 읍내로 몰려들고 있습니다."

"어째서요?"

"산골짜기도 메말라 물이 없고 나무나 풀도 말라만 가니 살수가 없다고 합니다. 게다가 해남과 장흥 영암 사람들과 완도와 보길도 사람들까지 조각배에 의지하여 강진으로 찾아들고 있습니다."

"그건 또 어째서요?"

"우리 강진이 가뭄 대비를 잘해서 먹고 살 만하다는 소문 때문이지요."

"저런, 우리 지역 백성들이 먹고 살 정도밖에 준비되지 않았는데 이를 어쩐다지?"

송보가 선뜻 판단을 못 내리자 이방이 호방과 병방에게 고함을 질렀다.

"아, 그걸 지금 말이라고 하나. 내 코가 석 자인데 어찌 유랑민까지 책임진단 말인가. 관내에 배를 대지 못하게 하고 이미 들어온 자는 쫓아내도록 하게!"

송보가 손사래를 쳤다.

"아, 기다리시오. 내 해답을 찾아볼 테니……."

송보에게 해답이 어디 있겠는가. 그는 다산 초당으로 가서 '정석(丁石)'이라고 새겨진 바위 앞에 정화수를 떠 놓고 깊은 명상에 빠졌다. 다산 선생에게라도 빌고 싶었다. 송보의 간절한 마음이 통했는지 퍼뜩 한 인물이 떠올랐다.

"토정 선생!"

송보는 얼른 『목민심서』에서 토정 선생이 나오는 부분을 들춰 보았다. 토정은 천문, 복술, 지리, 의학에 능통한 이지함 선생이다. 선생은 선조 때 포천 현감이 되었는데 홍수가 날 것을 미리 예측하고 제방을 쌓아 고을을 구했다. 그리고 아산 현감이 되어서는 유랑민 거지들을 모아 걸인청을 만들어 빈민을 구제했다. 그들에게 일자리를 만들어 주거나 기술을 가르쳐 주고 그에 걸맞은 대우를 해 주니 거지나 유랑민도 자리를 잡고 살게 되었다.

"그렇지. 바로 이것이다!"

송보는 득달같이 현청으로 나와 명을 내렸다.

"읍내 시장통에 큰 솥을 내걸고 죽을 끓여 유랑민을 대접하시오. 그리고 그들이 임시로 지낼 수 있는 천막을 지어 주시오. 내가 그들에게 일자리를 만들어 줄 것이오."

송보가 공방을 쳐다보자 공방은 어리둥절한 채 입을 쩍 벌렸다.

"우리 고을은 지난 가을에 이런저런 공사를 잘해 놔서 이제 고칠 데도 없습니다."

송보가 말했다.

"새로운 일을 벌일 것이오. 지금 모든 골짜기가 메말라 일을 벌이기 딱 좋은 조건이오."

공방은 가뭄을 견디기도 힘든 때 무슨 부역이라도 시킬까 봐 지레 겁 먹은 표정이었다.

"아니, 대체 무슨 일을?"

"지금 가뭄이 몹시 심하니 장차 반드시 큰비가 올 것이오. 큰비를 대비하여 골짜기를 막아 저수지를 충분히 만들 것이오. 그러면 홍수도 막고 다시 이런 가뭄이 와도 견딜 만하지 않겠소. 유랑민들은 일자리를 잡아 좋고 우리는 큰 공사를 미리 해 놓게 되니 누이 좋고 매부 좋은 일이 아니겠소."

이런저런 계산을 맞춰 보던 호방이 고개를 절레절레 흔들기 시작했다.

"지금 우리 창고가 넉넉한 편이라고는 하나 유랑민들은 전혀 계산하지 못한 것이옵니다. 그들을 받아들여 일거리까지 주었다가는 우리 창고도 금세 바닥이 나서 다 같이 굶어 죽게 될 것입니다."

이방과 예방도 맞장구치고 나왔다. 하지만 송보는 뜻을 꺾지 않았다.

"도움을 청하는 사람이 찾아왔는데 어찌 우리만 살겠다고 내친단 말이오. 그건 인정상 도무지 못할 짓이오. 다소 어렵더라도 이 시기를 함께 잘 넘기는 것이 세상살이의 도리가 아니겠소. 관아 창고의 양식으로 최대한 버티어 봅시다. 나라에도 도움을 요청하겠소."

이리하여 강진읍성 남문 밖에 유랑민 거주지가 생겼다. 저수지 공사와 유랑민 관리 책임은 백 선비가 맡았다.

송보는 직접 유랑민 거주지와 작업장으로 나가 유랑민들에게 밥을 퍼 주기도 했다. 그런 한편 전라 감영의 관찰사에게 도움을 청했다. 하지만 그건 아주 헛일이었다. 관리들이 평소에 백성을 수탈하고 나라의 창고를 도적질한 통에 구휼미가 한 톨도 없었기 때문이다. 그리고 마침내 강진의 창고도 바닥을 드러내고 말았다.

"사또, 이제 강진의 모든 지역 창고가 거의 비었습니다. 앞으로 닷새면 먼지밖에 안 남을 것입니다. 지금이라도 유랑민을 내보내시지요. 우리도 할 만큼 하였으니 그들도 거절하지는 못할 것입니다."

이방의 말에 송보는 고민하다가 고개를 가로저었다.

"그럼 닷새 후부터는 당장 같이 굶어야 합니다. 저장해 둔 해산물도 바닥이 났습니다."

예방도 거들자 송보는 마지막 방책을 떠올렸다.

"좌수와 별감들, 그리고 각 마을의 부자들을 향청으로 모아 주시오. 서두르세요!"

아전들의 눈이 화등잔처럼 커졌다.

"사또, 설마 그것을……?"

"그렇소. 권분령을 내릴 생각이오."

권분령은 먹고 살 만한 부자들에게 스스로 재산을 내놓아 난민을 구제하도록 권면하는 수령의 최종 명령이었다. 그 명령이 떨어지면 부자들은 재산을 빼돌리거나 관리들과 작당해서 재산을 내놓는 시늉만 하곤 하였다. 일부러 곡식을 다른 지역으로 빼돌려 더 높은 가격으로 파는 장사치까지 생겨났다. 또한 아전들 역시 지역에서는 먹고 살 만한 축에 드니 권분령을 달갑지 않게 여겼다.

강진의 부자들은 대개 여러 척의 고깃배와 논밭과 어장을 함께 갖고 있었다. 그런 자들이 서른 명 남짓 향청에 모였다.

송보가 향청으로 찾아가 단 아래서 우러러보며 말했다.

"제가 어르신들을 관아로 모시지 않고 향청에 모이도록 한 것은 명령이 아니라 부탁을 하기 위해서입니다. 다들 잘 아실 것입니다. 그 동안 이런 기근이 있을 때 수령들이 무섭게 명을 내리고 따르지 않으면 재산을 강제로 뺏고 곤장을 치기도 했습니다. 그게 무서워 도망치는 자들도 있었지요."

부자들은 고개를 끄덕이며 귀를 곤추세우고 들었다.

"이런 기근은 하늘이 우리를 시험하는 것입니다. 위로는 높은 자리에 앉은 사람의 잘못을 나무라고, 아래로는 화합하지 못하는 사람들의 잘못을 심판하는 것입니다. 이때 우리는 서로 화합하여 이겨 내야 복을 받습니다. 이 기회를 잘 살려 지혜롭게 대처한다면 여러분은 더욱 부귀를 누리게 될 것입니다. 수령으로서 강제로 할당량을 정하지는 않겠습니다. 어르신들께서 스스로 의논하시어 적정량을 내신다면 저는 그것이 투명하게 시행되도록 감독만 하겠습니다. 다시 한 번 엎드려 부탁드립니다."

송보가 공손하게 절하자 고 좌수가 자리에서 일어났다.

"다들 아다시피 나는 현감과 썩 사이가 좋지 않았소. 아니 직무를 정지당할 만큼 나쁜 사이였던 건 모두들 알 것이오. 그러나 현감께서는 나에게든 여러분에게든 부자라고 해서 세금을 더 훑어내려는 시도 따위는 하지 않았소. 오히려 형식상 바치던 생일 선물과 새해 선물도 거절했지요."

향청 마루에 앉은 부자들이 고개를 끄덕였다.

"사실 우리가 오늘날 먹고 살 만하게 된 것은 우리가 부리는 저 가난한 촌부들 덕분이 아니겠소. 나는 부끄럽게도 환갑이 다 되어서야 저 어리신 현감 덕분에 깨닫게 되었소. 우리 현에서 으뜸 부자라고는 하나 배와 어장이 있을 뿐 논밭은 이천 마지기 정도에 불과하오. 그러나 현재 남은 쌀의 칠 할인 오백 섬을 내놓겠소. 모두들 자기가 감당할 정도로 부담하면 좋겠소."

모두들 놀라서 잠시 정적이 감돌았다. 그때 누군가가 손뼉을 치고 일어섰다.

"우리도 정성을 모아 백 섬을 내겠습니다."

귤동의 다신계 수장 윤 선비였다.

"저도 이백 석을 내겠습니다."

지난해 형제 송사로 안면을 익힌 산전면의 천석꾼이 번쩍 손을 들었다. 잇달아 오십 섬, 백 섬 하는 소리가 터져 나왔다.

"됐습니다요, 사또."

이방이 좋아라 하며 자신도 얼마간 내놓겠다고 했다. 나머지 아전들도 십시일반으로 보태겠다고 했다.

송보는 허리를 숙여 예를 표했다. 그것으로 두 달 정도는 버틸 수 있었다. 문제는 한 달 안에 비가 오지 않는다면 벼농사를 완전히 포기해야 하니 그것이 더 큰 걱정이었다.

열흘 후, 그토록 기다리던 비가 쏟아졌다.
"와, 비다! 비님이 오신다!"
하늘이 뚫린 듯 장대비가 사흘 동안 내리 퍼부었다. 여느 때 같으면 벌써 홍수가 나서 도로와 다리가 끊어질 상황이었지만 강진현은 멀쩡했다. 골짜기마다 저수지 공사를 해 놓은 터라 금쪽같은 물이 고스란히 모였다.
"이 정도면 내년 봄 농사까지 아무 걱정 없겠습니다요!"
공방과 호방이 좋아서 춤을 덩실덩실 추었다.
잘 정비된 저수지에 가득 고인 물이 송보의 눈에는 창고에 쌓인 쌀처럼 보였다.
'천만다행이야. 그래도 올가을에는 조세를 최대한 낮추어야 겠어.'

제12장 해관

백성이 머물기를 청한다면 큰 영광이다

설을 지낸 얼마 후 한양에서 조정에 복귀하라는 통보가 왔다. 임금을 가까이서 모실 수 있는 예문관 기사관이니 누구라도 탐낼 만한 자리였다. 외로운 임금께서 특별히 불러올린 것임을 송보는 알아챘다.

하지만 송보는 세도 정치의 농간이 심한 조정으로 들어가기 싫었다. 다산 선생의 뜻을 실천하는 목민관의 보람이 훨씬 컸기 때문이었다. 그러나 벼슬살이를 자기 뜻대로 할 수는 없는 일이었다. 송보는 무기고와 관아 안팎의 모든 창고를 점검하여 확인한 다음 짐을 챙겼다.

한양으로 돌아갈 생각을 하니 연지 아씨의 얼굴이 어른거렸다. 빙그레 미소가 그려지고 가슴이 콩닥콩닥 뛰었다. 임기를 마치고 돌아가면 혼례를 올리기로 이미 집안 어른들끼리 약속해 둔 터였다.

강돌이가 청노새의 고삐를 잡고 관아를 나섰다.

"아유, 설이라고 한양 심부름 다녀온 여독이 풀리지도 않았는데 또 한양까지 갈라니 발바닥이 닳겠습니다요."

강돌이는 투덜거리면서도 얼굴엔 웃음이 가득했다. 돌아가면 혼례를 시켜 주겠다고 한 약속 때문이리라.

"가을 새매가 가지에 앉았다가 훌쩍 날아가는 듯하군요."

백 선비가 현청 앞에서 기다리고 있었다.

"관아는 수령에게 집이 아니라 여각과 같으니 미련 없이 떠나야지요. 그동안 정말 고마웠습니다. 사형이 계시니 걸음이 그나마 가볍습니다. 제가 갔다고 다시 가우도로 들어가시면 안 됩니다."

"새로 온 현감이 쫓아내지 않는다면 향교 교장 노릇은 계속하지요. 하지만 가우도에서도 지낼 것입니다."

송보는 관아를 나오다가 말채찍을 대문에 걸었다.

"이건 여기 와서 생긴 것이니 두고 가야겠군요."

언제 왔는지 마두진 수문장 오 군관이 군례를 바치고는 말했다.

"참 너무하시는군요. 마두진에 오셨을 때 채찍이 이미 낡아서 제가 드린 선물인데 그것까지 두고 가시다니."

송보가 웃으며 대거리했다. 이제 상관이 아니니 오 군관에게도 높임말을 썼다.

"다산 선생께서 부임할 때 모습과 똑같이 돌아가고 짐은 하나도 늘려서는 안 된다고 하셔서요. 이런 배웅마저도 심히 부담스럽다오."

동문을 향해 가는 길에 서당 아이들과 향교의 생도들도 죽 늘어서 있었다. 읍민들이 다 나온 듯이 붐볐다.

동문을 나서니 사의재 주막 앞에 강진의 유지들이 나와 있었다. 주막의 아낙도 올 때 본 반듯한 모습으로 인사했다.

"정말 고마웠습니다. 건강하게 오래오래 사세요."

송보는 고을의 어른들부터 손을 잡고 작별을 고했다.

"어린 저 때문에 속 많이 썩으셨지요?"

송보의 말에 고 좌수는 고개를 세차게 흔들었다.

"배울 것은 손자에게도 배워야 마땅한데 이토록 영명하고 지혜로운 현감을 보내 주시어 태어나 처음으로 나라님께 감사했답니다."

인사치레를 한 후에 고 좌수가 정색하고 말했다.

"조정의 예문관은 중요한 직책이요 다들 부러워하는 자리인 줄은 잘 알지만 한 번만 더 유임하여 우리 강진을 더 보살펴 주

십시오."

다신계의 윤 선비도 허연 수염을 휘날리며 부탁했다.

"바야흐로 다시 강진이 크게 일어나려 합니다. 꼭 유임해 주십시오."

윤 선비는 송보의 권유로 향교의 교수직을 맡았다.

"부디 강진의 아이들에게 큰 꿈을 심어 주십시오. 그리고 실력이 충분하시니 과거에 도전해 보십시오."

송보의 말에 윤 선비가 고개를 크게 끄덕였다.

"만일 유임하신다면 환갑이 코앞이지만 과거에 도전해 보겠습니다."

서당 아이들은 고함을 질러댔다.

"가지 마세요! 우리와 놀아요!"

그것을 신호 삼아 백성들이 일제히 소리를 질렀다.

"유임을 청합니다!"

"가지 마십시오!"

"우리를 버리지 마십시오!"

인사치레로 하는 말이 아니었다. 그 진심에 송보는 뜨거운 것이 울컥 치솟는 걸 간신히 눌러 참았다.

백성들이 길을 막고 유임을 청하는 것은 선정비 열 개를 세우는 것보다 영광스러운 일이라고 했다. 송보는 사방팔방으로 절하고 손을 흔들었다.

"고맙습니다! 저보다 훨씬 훌륭한 분이 오셔서 잘 살펴 주실 겁니다. 안녕히 계십시오!"

송보가 거듭 인사했고 마음이 급한 강돌이가 청노새 센돌이를 앞세워 길을 열었다. 노인들이 눈물을 찔끔거리며 미적미적 길을 열어 주었다.

"사또, 이렇게 꼭 가셔야 합니까?"

이방이 조금이라도 더 붙잡아 두려는 듯 옷자락을 잡았다.

"당나라 시인 백거이가 청석시에 읊었지요. 관가 길 옆의 덕정비가 되고 싶지 않네, 거짓말만 새겨지느니 하고 말입니다. 행여나 선정비 같은 걸 세우느라 돈을 걷는 일은 절대 하지 마

십시오."

송보가 신신당부를 하였다.

"사또의 성품을 아는데 어찌 돈을 걷겠습니까. 하지만 백성이 스스로 한다면 막지는 않을 겁니다. 부디 조정에 가서도 우리 강진을 잊지 마십시오."

"그러지요."

대답을 마치고 드디어 송보는 센돌이의 등에 올랐다. 강돌이가 고삐를 불끈 죄며 끌었다.

그때 멀리서 요란한 말발굽 소리가 났다. 전라 감영의 깃발을 단 파발 하나가 바람을 가르며 달려왔다.

"멈추시오! 어명이요!"

송보는 어리둥절하여 청노새에서 내렸다. 곧 감영의 군관이 도착해 큰 소리로 교지를 읽었다.

"강진 현감 송보는 지난해 극심했던 가뭄과 기근을 잘 극복하고 산업과 교육을 일으켜 칭송이 자자하다. 모든 현민이 유임을 청하였고 인근 고을까지 합세하였으니 이는 전례에 없는 일이라. 이에 모든 목민관의 본보기로 삼고자 종오품 강진 현령으로 품계를 올려 유임하노라!"

송보는 황망한 중에 엎드려 교지를 받들고는 큰 소리로 외쳤다.

"전하, 성은이 망극하옵니다!"

송보는 임금이 계신 북쪽을 향해 절하고는 자리에서 일어나 백 선비를 바라보았다. 백 선비의 얼굴에 미소가 그려졌다.

"우리가 몰래 유임 청원을 넣었습니다. 이웃 고을인 장흥과 영암 그리고 해남에서도 서명을 받았는데 가까스로 오늘에야 소식이 도착했군요."

백 선비가 지켜보던 백성을 향해 두 손을 번쩍 치켜들었다.

"강진 현령으로 유임이오!"

일시에 박수와 함성이 터져 나왔다.

"우아, 어명이다!"

"유임이다!"

송보의 환송식은 다시 환영식으로 변했다.

"재작년엔 소년 현감을 모셔 왔는데 오늘 우리는 당당한 대장부를 모시게 되었습니다 그려."

이방이 고 좌수를 보고 말했다. 아닌 게 아니라 송보는 지난 이 년간 몰라보게 성장했다. 몸뿐만 아니라 속내까지도 당당한 대장부요 근엄한 수령이 틀림없었다.

그때 한 노인이 불쑥 나와 송보의 손을 잡았다.

"늦어서 얼굴을 못 보면 어쩌나 걱정했는데 앞으로도 시 몇 수는 더 주고받을 수 있겠군요. 하늘에서 다산 선생님도 무척 기뻐하실 겁니다."

일속산방에서 달려 나온 황상 선생이었다.

"선생님의 가르침을 더 받게 되어 다행입니다."

송보도 두 손을 마주 잡고 얼굴 가득 함박웃음을 지었다.

"종오품 강진 현령 납신다!"

오 군관이 우렁찬 소리로 길을 열었다.

강진현 백성 모두가 박수를 치며 반겼다. 그런 가운데 단 한 사람만이 풀이 죽어 이맛살을 찌푸렸다. 청노새의 고삐를 잡고 말머리를 돌린 강돌이였다.

"강돌아, 너무 서운해 마라. 올가을엔 장가를 들여 마누라와 함께 여기서 살도록 해 줄 테니."

금세 강돌이의 표정이 환해졌다.

"아이 도련님도, 제가 장가 못 갈까 봐 그런 줄 아세요. 도련님이 마님 못 뵐까 봐 안쓰러워 그러지요. 마재 아씨도요."

강돌이는 다시 발걸음에 힘을 주었다. 강돌이 말끝에 송보의 뇌리에도 연지 아씨의 얼굴이 잠시 스쳤다.

'훗, 나도 뭔가 수를 내 봐야 되겠군.'

송보는 꿈에라도 다산 선생을 만나 빨리 증손녀 사위로 삼아 달라고 떼를 써 볼 작정이었다. 그 생각을 하자 금세 얼굴에 함박웃음이 피어났다.

『목민심서』와 다산 사상

다산의 분신 『목민심서』

　오백여 권에 이르는 다산 정약용 선생의 많은 책들 가운데서도 가장 높이 평가되는 책이 바로 『목민심서』이다. 이는 목민관을 위한 교과서나 마찬가지인 실용서이자 그 시대를 꿰뚫어 본 현실 비판서라 할 수 있다.

　『목민심서』는 다산 선생의 십팔 년 귀양살이 막바지인 1818년에 완성되었는데, 그의 학문이 정점에 무르익었을 때 거둔 가장 잘 익은 열매인 셈이다.

　이 책은 모두 마흔여덟 권 열여섯 책으로 이루어져 있는데 열두 개의 주제로 단락을 나누고 각 단락은 여섯 개 조씩 나누어 모두 일흔두 개 조로 구성되었다. 목민관이 벼슬을 받고 임지로 떠나는 '부임'에서부터 육방 관속들의 업무를 파악하고 지시하는 육전의 일과 백성을 다스리고 구제하는 일, 그리고 임기를 마치는 '해관'까지 상세하게 다루고 있다.

남양주 마재에 있는 다산 정약용 동상

다산 선생은 머리말에서 『목민심서』를 쓴 이유를 밝혔다.

오늘날 백성을 다스리는 자들은 오직 거두어들이는 데만 급급하고 백성을 돌볼 줄을 모른다. 이 때문에 백성은 몹시 가난하고 병까지 들어 진구렁 속에 빠진 것과 같은데도 그들을 다스리는 자는 고운 옷과 맛있는 음식에 살찌고 있으니 이 어찌 슬프지 아니한가.

다산 선생은 당시 수령의 잘못된 태도와 정치를 날카롭게 비판하면서 반드시 해야 할 일을 제시했다. 아마도 목민관의 자세와 일은 아버지 정재원으로부터 배웠을 것이다. 정재원은 중앙 조정에서 높은 벼슬을 한 건 아니지만 현감과 군수를 여러 차례 맡아 백성을 다스릴 기회가 많았다.

다산 선생은 소년 시절부터 그런 아버지를 따라다니며 목민관의 자세를 익히고 실제적인 일들을 알게 되었을 것이다. 벼슬길에 나간 후에는 자신도 직접 경기도 암행어사를 하면서 관리들을 평가한 적도 있었다.

찰방이라는 하급 관리로서 겪은 일도 있고 군수로서 목민관 노릇을 한 경험도 도움이 되었다. 거기에 더하여 우리나라와 중국의 여러 책을 참고하여 이토록 생생한 실용서를 쓸 수 있었던 것이다.

이렇게 완성된 『목민심서』에서 가장 강조하는 것은 목민관의 마음가짐이다. 그것은 다름 아닌 청렴이라고 했다. 수령이 청렴하지 않고서 좋은 정치를 기대할 수는 없다. 모든 권위는 벼슬이나 힘이 아닌 청렴함에서 나온다고 강조했다. 그런 다음에 검소함과 성실함을 들었다. 또한 오로지 백성을 사랑하고 봉사하라는 가르침으로 일관하고 있다. 하지만 다산 선생의 가르침은 후세에 잘 전달되지 못했다. 나라는 점점 어지러워졌고 기어이 조선은 일본의 식민지가 되고 말았기 때문이다.

그런데 시간이 흐를수록 『목민심서』는 점점 더 가치가 높아졌다. 현대적인 책으로 출간되자 같은 한자 문화권인 중국, 일본, 동남아시아 등 외국에서도 널리 읽혔다. 특히 베트남 독립전쟁의 영웅 호치민은 『목민심서』의 열렬한 애독자였다. 그는 독립운동을 하는 중에도 『목민심서』를 베개 삼아 베고 잘 정도였다. 적군에게 쫓길 때조차 무기는 두고 가도 『목민심서』는 꼭 품고 다녔다고 한다.

오늘날 『목민심서』는 많은 사람들에 의해 연구되고 있다. 그 결과물이 여러 가지 책으로 나와서 다산 정신을 되살리고 있는 것이다. 아마 오늘날 공무원이나 직장인들이 『목민심서』를 잘 읽고 익힌다면 자신의 일을 훨씬 더 훌륭하게 해낼 수 있으리라 믿는다.

다산 사상의 핵심

흔히 지령은 인걸이라고 한다. 사람은 땅의 생김생김과 기운의 영향을 받아 태어나고 살아간다는 뜻이다. 정약용 선생이 태어나 자라고 생을 마친 유적지를 보면 그 말이 딱 맞는다는 생각이 든다.

선생의 생가는 두물머리에 있다. 두 개의 큰 물이 합쳐지는 곳이라는 말이다. 금강산 골짜기에서 시작되어 소양강을 거쳐 흘러온 북한강과, 오대산 우통수에서 발원하여 동강을 거쳐 굽이굽이 흘러온 남한강이 만나 한강이 되는 곳이다. 그렇게 거대한 강이 되어서 서울을 휘감고 흘러서는 교하에서 다시 임진강을 만나 더 큰 강이 되어 마침내 바다에 이르게 된다.

선생의 학문도 꼭 그런 모양새를 띠고 있다. 정통 유학인 성리학과 신유학인 양명학이 실학과 만나고, 서양 학문과 불교와 전통문화가 만나고, 학문과 예술과 정치와 삶이 만난다. 그것들이 어우러져 학문의 완성자라는 평가를 일구어 내는 것이다. 이렇게 완성된 다산 선생의 사상을 몇 가지로 정리하면 다음과 같다.

첫째는 자율적 학구성이다.

다산 선생은 특별한 선생을 받들고 배우지 않았다. 어려서부터 스스로 책을 좋아하고 글쓰기에 흥미를 가졌다. 열 살 이전에 이미 자신의 시집 『삼미자집』을 엮을 정도였다. 그리고 무엇이든 문제가 생기면 스스로 파고들어 자신만의 독창적 세계를 이루어 냈다. 전통 유학부터 주역, 지리, 언어학, 음악, 예술까지 그렇게 나름의 체계를 세우고 실력자가 된 것이다.

자신의 아이들이 천연두로 세상을 뜨자 그 방면을 연구하여 의학서인 『마과회통』을 내기까지 했다. 다산 선생의 실력은 궁중 어의를 능가할 정도였다. 궁금하거나 필요하면 분석하고 파고들어 마침내 결과를 만들어 내는 것이 바로 자율적 학구성이다. 모든 공부하는 사람이 본받고 배워야 할 자세이다.

두 번째는 창조적 실용성이다.

다산 선생은 필요한 것은 어떻게든 만들어 냈다. 정조 임금이 일 킬로미터가 넘는 한강에 다리를 놓을 방도가 없냐고 묻자 즉시 배다리를 건설해 냈다. 또 부친이 돌아가셔서 삼년상을 치르는 중에도 정조 임금이 화성을 지으려 하자 설계도를 그려 바쳤다. 그리고 독일 선교사의 책 『기기도설』을 참고하여 거중기를 만들어 냈고 돌 운반 전문 수레인 유형거를 만들어 일손을 덜고 경비를 크게 줄였다. 아무도 하지 않은 시도를 과감하게 했고 늘 새로운 것을 만들어 냈다. 이 창조적 실용성은 4차 산업혁명 시대에 꼭 필요한 정신이다.

셋째는 융합적 개방성이다.

경기도 광주 천진암은 흥미로운 곳이다. 지금은 천주교 성지가 되었으나 원래는 불교 암자였다. 그런데 그곳에서 유교를 공부하던 선비들이 모여 서양의 천주교를 공부한 것이다. 외국의 사례처럼 선교사가 와서 천주교를 가르친 게 아니고 선비들이 스스로 모여 새 학문과 종교를 공부 함으로써 새로운 역사를 시작했던 것이다.

이러한 다산의 정신은 그 후에도 변하지 않았다. 강진으로 유배 가서는 만덕사의 주지 혜장선사에게 불교를 배우는 한편 유교를 가르쳤다. 초의 선사에게도 학문을 가르치면서 다도를 익혔다. 나이와 신분에 상관없이 필요한 것은 기꺼이 배우는 자세, 그것이 하나로 어우러져 자신만의 개성으로 창조되는 것이 바로 융합적 개방성이다. 이런 정신 덕분에 다양한 분야에서 정상에 오르는 학문의 완성자가 될 수 있었던 것이다.

넷째는 현실적 주체성이다.

다산 선생은 중국을 세상의 중심으로 여기는 사대주의를 매섭게 비판했다. 자신도 유학자이지만 공자와 주자만 떠받드는 행위를 우상 숭배라고까지 나무랐다. 그는 시를 써도 중국 역사를 인용하거나 당나라 송나라 문체를 본받지 말고 조선의 현실과 역사와 자연을

강진 다산 초당 앞의 박윤규 작가

인용한 조선의 시를 쓰라고 강조했다.

"우리나라 사람들은 걸핏하면 중국의 고사를 인용하곤 하니 이 또한 비루한 품격이다. 『삼국사기』『고려사』『여지승람』『징비록』『연려실기술』 및 그 밖의 우리나라 글에서 채록하고 지방을 살펴보아 시에 넣은 뒤라야 바야흐로 세상에 이름이 나고 후세에 전할 수가 있다."

다산 선생은 중국이 최고로 치는 요순 시대보다도 우리 단군 시대의 풍습이 더 순수하고 아름답다고 자부했다. 우리 전통문화에 뿌리내린 이러한 현실적 주체성이야말로 오늘날 세계와 경쟁할 대한민국의 정신이 되어야 할 것이다.

어떤 상황에서도 굽히지 않는 다산 선생의 힘은 대체 어디서 나온 것일까? 선생의 생애와 학문을 종합해 보면 그 답이 보인다. 그것은 바로 수신과 애민이다. 즉 자신을 닦고 백성을 사랑하는 정신에서 나오는 것이다.

다산 선생은 『목민심서』 머리말에서 이렇게 말했다.

"목민의 절반은 수신(修身 ; 자신의 몸과 마음을 닦음)에 있다!"

그리고 『마과회통』 머리말에서는 이렇게 말했다.

"내가 공부하고 책을 짓는 것은 애오라지 애민(愛民 ; 널리 백성을 사랑함)하는 데 그 목적이 있다!"

수신애민(修身愛民), 오늘날 배우는 자나 가르치는 자 모두 가슴 깊이 새겨야 할 것이다!

다산 정약용 연보

◆ **1762년(1세)**

경기도 광주 초부면 마재(남양주시 조안면 능내리)에서 나주 정씨 재원과 해남 윤씨 사이에서 태어남. 위로 약현, 약전, 약종 세 형과 누이가 있었다.

◆ **1765년(4세)**

천자문을 배우기 시작했다.

◆ **1770년(9세)**

어머니 윤씨를 여의었다. 관직에서 물러난 부친께 학문을 익혔다.

◆ **1776년(15세)**

풍산 홍씨 화보의 딸과 혼례를 올렸다. 이때 아버지가 호조좌랑이 되니 서울로 따라가서 명례방에서 함께 살았다.

◆ **1783년(22세)**

과거에 합격하여 성균관에 들어갔다. 정조 임금과 처음 만났다. 장남 학연이 태어났다.

◆ **1789년(28세)**

문과에 급제하여 첫벼슬 희릉직장을 받았다. 같은 해 겨울에 배다리 설계도를 정조에게 바쳤다.

◆ 1792년(31세)

예문관 검열, 사헌부 지평을 거쳐 홍문관 수찬에 제수되었다. 같은 해 9월에 부친이 진주 목사로 근무중 별세했다. 삼년상을 치르는 중에 정조 임금의 명을 받고 화성과 거중기 설계도를 만들어 올렸다.

◆ 1794년(33세)

경기 암행어사가 되어 부적절한 수령들을 처벌했다.

◆ 1795년(34세)

사간원 사간, 동부승지를 거쳐 병조참의가 되었다. 같은 해 7월에 중국인 신부 주문모 입국 사건에 엮여 금정 찰방으로 좌천되었다. 이때 『도산사숙록』과 『성호유고』를 지었다.

◆ 1797년(36세)

동부승지가 되었다. 천주교 관련으로 비방을 받자 〈자명소〉를 냈다. 곡산 부사가 되어 겨울에 『마과회통』(12권)을 지었다.

◆ 1799년(38세)

동부승지, 형조참의가 되었으나 비방을 받자 벼슬에서 물러났다.

◆ 1800년(39세)

고향으로 돌아갔다가 왕명으로 다시 한양에 왔을 때 정조 임금이 운명했다.

◆ 1801년(40세)

천주교 박해에 엮여 경상도 장기로 유배되었다. 둘째 형 약전은 신지도로 유배되고 셋째 형 약종은 옥사했다. 10월에 황사영 백서 사건으로 다시 체포되어 약전은 흑산도로 약용은 강진으로 유배되었다. 강진 읍성 동문 밖 사의재에 살았다.

◆ 1804년(43세)

사의재에서 아이들을 가르치며 2천 자로 된 『아학편훈의』를 지었다.

◆ 1805년(44세)

백련사의 학승 혜장을 만나 『주역』을 가르치고 그에게서 다도를 배웠다.

◆ 1808년(47세)

거처를 윤단의 서재 다산 초당으로 옮겨 본격적인 학문 연구를 진행했다. 『주역서언』(12권)을 지었다.

◆ 1813년(52세)

겨울에 『논어 고금주』(40권)를 완성했다.

◆ 1816년(55세)

봄에 『악서고존』(12권)을 지었다. 둘째 형 약전이 흑산도에서 운명했다.

◆ **1818년(57세)**

『목민심서』(48권)가 완성되었다. 귀양이 풀려 고향 마재로 돌아갔다.

◆ **1819년(58세)**

『흠흠신서』(30권)와 『아언각비』(3권)를 완성했다.

◆ **1822년(61세)**

회갑을 맞아 '자찬 묘지명'을 지었다.

◆ **1834년(73세)**

『매씨서평』(10권)을 보완하여 다시 썼다.

◆ **1836년(75세)**

결혼 60주년 되는 날 아침, 마재의 여유당에서 운명하여 뒷동산에 묻혔다.

◆ **1883년**

고종 황제의 명으로 신원이 복권되고 『여유당전서』가 한자리에 모였다.

◆ **1910년**

순종 황제의 명으로 규장각 제학에 추증(관료 사후에 직급을 높이는 일)되고 문도공 시호를 받았다.

◆ **2012년**

유네스코에서 헤르만 헤세, 드뷔시 등과 세계의 문화 인물로 선정했다.